la MAGIA

la
MAGIA

Rhonda Byrne

ATRIA ESPAÑOL

NUEVA YORK   LONDRES   TORONTO   SÍDNEY   NUEVA DELHI

ATRIA ESPAÑOL

Una división de Simon & Schuster, Inc.
1230 Avenue of the Americas
New York, NY 10020

Primera edición en rústica de Atria Español, junio 2012

ATRIA ESPAÑOL y su colofón son sellos editoriales de Simon & Schuster, Inc.

Para obtener información respecto a descuentos especiales en ventas al por
mayor, diríjase a Simon & Schuster Special Sales al 1-866-506-1949 o a la
siguiente dirección electrónica: business@simonandschuster.com.

Traducido por Carlos Verdecia

Concepto de arte y dirección artística por Nic George de Making Good LLC.

Estructura y diseño del libro por Gozer MediaP/L (Australia),
www.gozer.com.au, dirigido por Making Good LLC.

Fotografía del interior del libro por Raphael Kilpatrick, dirigido por Making
Good LLC.

Impreso en los Estados Unidos de América

20 19

Library of Congress Cataloging-in-Publication Data

Byrne, Rhonda.
  [Magic. Spanish]
  La magia / Rhonda Byrne.
     p. cm.
  1. Gratitude.   2. Self-realization.   3. Success.   I. Title.
  BF575.G68B9718   2012
  158—dc23   2012015622

ISBN 978-1-4516-8377-6
ISBN 978-1-4516-8429-2 (ebook)

*"Por este medio adquirirás la gloria
del mundo entero".*

La Tabla de Esmeralda (circa 5.000–3.000 AC)

Dedicado a ti

Que La Magia abra un nuevo mundo para ti,
y traiga gozo a toda tu existencia.

Esa es mi intención para ti
y para el mundo.

Agradecimientos

Cuando me siento por primera vez a escribir un libro, la creación comienza como un acto alegre aunque solitario; nada más estamos el Universo y yo. Entonces, gradualmente, el círculo comienza a expandirse para abarcar más y más personas, todos los cuales contribuyen con su especialidad, hasta que finalmente uno tiene la creación de un nuevo libro en sus manos. Las siguientes personas formaron parte de ese siempre creciente círculo que permitió que *La Magia* llegara a tus manos.

Gracias, gracias, gracias: a mi hija Skye, que trabajó infatigablemente a mi lado editando, conjuntamente con Josh Gold, quien aportó sus conocimientos científicos y aptitudes investigativas para ayudarme a combinar los descubrimientos de la ciencia con términos religiosos. Gracias a mi editora, Cindy Black de Beyond Words, por su enfoque directo al proceso de edición y sus perspicaces preguntas que me han hecho una mejor escritora. Gracias a Nic George por su visión creativa que captó la magia a través de gráficos en las páginas interiores y en la portada.

A Shamus Hoare y Carla Thornton en Gozer Media, gracias por la producción final de los gráficos y la composición del libro. Gracias al equipo de El Secreto que me ayudó a aportar un nuevo libro al mundo y que constituye la espina dorsal de mi trabajo; especialmente mi hermana Jan Child, que está al frente de todo el equipo editorial; Andrea Keir, que encabeza nuestro colosal equipo creativo; Paul Harrington y mi hermana Glenda Bell, que se unieron al fotógrafo Raphael Kilpatrick y el resto de nuestro equipo para crear las mágicas fotos de este libro. Y gracias a los otros miembros del equipo de El Secreto, cuyas tareas de apoyo son invaluables: Don Zyck, Mark O'Connor, Mike Gardiner, Lori Sharapov, Cori Johansing, Chye Lee, Peter Byrne y mi hija Hayley.

Gracias, gracias, gracias a mi casa editorial, Simon & Schuster: a Carolyn Reidy, Judith Curr, Darlene DeLillo, Twisne Fan, James Pervin, Kimberly Goldstein e Isolde Sauer. Me siento bendecida por contar con un equipo de gente tan maravillosa.

Gracias, gracias, gracias a Angel Martin Velayos por su guía espiritual, su amor y su sabiduría; a mi hermana Pauline Vernon y a mis queridísimos amigos y familiares por su continuo apoyo y entusiasmo por mi trabajo. Y mi más profunda gratitud a esos extraordinarios seres humanos que descubrieron las verdades de la vida, que dejaron sus palabras escritas para que pudiéramos descubrirlas en el tiempo exacto – ese indefinible momento que nos cambia la vida, cuando tenemos ojos para ver y oídos para oír.

Contenido

¿Crees en la magia?

"Los que no creen en la magia nunca la encontrarán".

ROALD DAHL (1916–1990)
AUTOR

¿Recuerdas cuando eras niño y mirabas la vida lleno de asombro y conmoción? La vida era mágica y emocionante, y hasta las cosas más pequeñas te excitaban. Te fascinaba la escarcha en la hierba, una mariposa revoloteando en el aire o cualquier hoja o piedra extraña en la tierra.

Te excitabas cuando se te caía un diente porque significaba que el ratoncito vendría esa noche, ¡y contabas los días para que llegara la mágica noche de Navidad! Aun cuando no tenías idea cómo se las arreglaba Papá Noel para llegarle a todos los niños del mundo la misma noche, de algún modo lo lograba y nunca te decepcionó.

Los ciervos volaban, había hadas en el jardín, las mascotas eran como personas, los juguetes tenían personalidad, los sueños se hacían realidad y uno podía tocar las estrellas. El corazón estaba lleno de alegría, la imaginación no conocía límites ¡y uno creía que la vida era mágica!

Había algo exquisito que muchos sentimos cuando niños de que todo era bueno, que cada día prometía más excitación y aventura y que nada podría nunca interrumpir la alegría que sentíamos porque todo era mágico. Pero de algún modo, al crecer y convertirnos en adultos las responsabilidades, los problemas y las dificultades comenzaron a marcarnos, nos desilusionamos, y la magia en la que una vez creímos cuando niños se fue borrando hasta desaparecer. Es una de las razones por las que, como adultos, nos encanta estar rodeados de niños, de manera que podamos vivir todo eso que una vez sentimos aunque sólo sea por un momento.

Pues, aquí estoy para decirte que la magia en la que creíste alguna vez es real, y que lo que es una falsedad es la perspectiva adulta llena de desilusión. La magia de la vida es *real*; tan real como tú. Es más, la vida puede ser mucho más maravillosa que lo que jamás imaginaste cuando niño y mucho más imponente, asombrosamente inspiradora y excitante que lo que has experimentado hasta ahora. Cuando sepas lo que tienes que hacer para producir esa magia, vas a vivir la vida de tus sueños. ¡Entonces te preguntarás cómo pudiste haber renunciado a creer en la magia de la vida!

Puede que no veas a los ciervos volar, pero sí verás las cosas que siempre quisiste que aparecieran ante tus ojos, y verás cómo las cosas que has soñado durante tanto tiempo se realizan súbitamente. Nunca sabrás con exactitud cómo se ha entrelazado todo para que tus sueños se realicen, porque la magia trabaja en el reino invisible... ¡y esa es la parte más excitante!

¿Estás listo para volver a vivir esa magia? ¿Estás listo para llenarte de asombro y maravillarte todos los días como cuando eras niño? ¡Prepárate para la magia!

Nuestra aventura comienza hace dos mil años, cuando el conocimiento para cambiar la vida yacía oculto en un texto sagrado...

Se revela un gran misterio

El siguiente pasaje viene del Evangelio de San Mateo en las Sagradas Escrituras y ha sido mistificado, confundido y malinterpretado por muchas personas a lo largo de los siglos.

"Porque a cualquiera que tiene, se le dará, y tendrá más. Pero al que no tiene, aun lo que tiene le será quitado".

Debes admitir que cuando leíste este pasaje te pareció injusto, pues parece decir que el rico se enriquecerá más y el pobre se empobrecerá más. Pero hay en este pasaje una acertijo que resolver, un misterio que descubrir, y cuando lo sepas, un nuevo mundo se abrirá para ti.

La respuesta al misterio que ha eludido a tantos durante siglos es una palabra oculta: **gratitud.**

*"Porque a cualquiera que tiene **gratitud,** se le dará, y tendrá más. Pero al que no tiene **gratitud** aun, lo que tiene le será quitado".*

Mediante la revelación de una palabra oculta, un texto críptico se hace tan claro como el cristal. Dos mil años han transcurrido desde que esas palabras se pronunciaron, pero son tan ciertas hoy como lo fueron siempre: si no tomas tiempo para estar agradecido nunca tendrás más, y lo que tienes lo perderás. Y la promesa de la magia que ocurrirá mediante la gratitud está en estas palabras: *si eres agradecido, se te dará más, ¡y tendrás en abundancia!*

En el Corán la promesa de gratitud es igualmente enfática:

"Y (recuerda) cuando Dios proclamó: 'Si eres agradecido te daré más. Pero si eres malagradecido, de cierto te digo que mi castigo es realmente severo'".

No importa qué religión practiques, o si eres o no religioso, estas palabras de las Sagradas Escrituras y del Corán se aplican a ti y a tu vida. Describen una ley fundamental de la ciencia y del Universo.

Es la ley universal

La gratitud opera a través de una ley universal que gobierna toda la vida. Según la ley de atracción, que gobierna toda la energía de nuestro Universo, desde la formación del átomo hasta el movimiento de los

planetas, "los semejantes se atraen mutuamente". Es
por la ley de atracción que las células de toda criatura
viva se mantienen unidas, así como la sustancia de
todo objeto material. En tu vida la ley opera en tus
pensamientos y sentimientos, porque también son
energía. De modo que cualquier cosa que pienses,
cualquier cosa que sientas, estás atraído hacia ti mismo.

Si piensas "No me gusta mi trabajo", "No tengo
suficiente dinero", "No encuentro mi pareja perfecta",
"No puedo pagar mis cuentas", "Creo que me está
cayendo algo", "Él o ella no me aprecian", "No me
llevo bien con mis padres", "Mi hijo es un problema",
"Mi vida es un desastre" o "Mi matrimonio tiene
problemas", entonces debes atraer más de esas
experiencias.

Pero si piensas en aquellas cosas por las que estás
agradecido, tales como "Me encanta mi trabajo", "Mi
familia me da mucho apoyo", "Disfruté de las mejores
vacaciones", "Hoy me siento fenomenal", "Recibí la
mayor devolución de impuestos de toda mi vida" o
"Pasé un fenomenal fin de semana de campamento con
mi hijo" y te sientes sinceramente agradecido, la ley
de atracción dice que deberás atraer más de *esas* cosas
a tu vida. Eso funciona del mismo modo que el imán
atrae el metal; tu gratitud es magnética, y mientras más
gratitud sientas, mayor será la abundancia que atraigas.
¡Es una ley universal!

Seguramente has oído dichos como "Todo lo que sale
de ti te regresa", "Cosechas lo que siembras" y "Recibes
lo que das". Pues todos esos dichos describen la misma

ley y también describen un principio del Universo que descubrió el gran científico Sir Isaac Newton.

Los descubrimientos científicos de Newton incluyen las leyes fundamentales del movimiento en el Universo, una de las cuales dice:

Cada acción tiene siempre una reacción opuesta e igual.

Cuando aplicas la idea de la gratitud a la ley de Newton, esto es lo que dice: cada acción de *dar* gracias siempre causa una reacción opuesta de *recibir*. Y lo que recibes siempre será igual al nivel de gratitud que has entregado. Esto quiere decir que el mero hecho de expresar gratitud desata la reacción de ¡recibir! Y mientras mayor sea la sinceridad y más profundamente sientas la gratitud (o sea, mientras *más* gratitud expreses) *mayor* será lo que recibas.

La hebra dorada de la gratitud

Miles y miles de años atrás, en la época de los más primitivos registros de la humanidad, se predicaba y practicaba el poder de la gratitud. De ahí fue pasando a través de los siglos, atravesando continentes e infiltrando cada civilización y cultura. Las principales religiones – el cristianismo, el islamismo, el judaísmo, el budismo, el sikh y el hinduismo – todas tienen la gratitud en su centro.

Mahoma dijo que la gratitud por la abundancia que uno ha recibido es la mejor seguridad para que la abundancia continúe.

Buda dijo que uno no tiene causa para nada excepto gratitud y gozo.

Lao Tsé dijo que si uno se regocija por la manera en que son las cosas, el mundo entero le pertenecerá.

Krisna dijo que aceptaba con gozo cualquier cosa que se le ofrecía.

El Rey David habló de darle gracias al mundo entero por cada cosa entre los cielos y la Tierra.

Y Jesús dio *gracias* antes de hacer cada milagro.

Desde los aborígenes australianos a los masais y zulúes africanos, desde los navajos, shawnee y chéroquis estadounidenses a los tahitianos, esquimales y maoríes, la práctica de la gratitud está profundamente arraigada en la mayoría de las tradiciones indígenas.

> *"Desde que te levantas por la mañana, da gracias por la luz matutina, por tu vida y fortaleza. Da gracias por tus alimentos y por la alegría de vivir. Si no encuentras una razón para dar gracias, la culpa es tuya".*
>
> TECUMSEH (1768–1813)
> LÍDER NATIVO SHAWNEE ESTADOUNIDENSE

La historia está llena de famosas figuras que practicaron la gratitud y cuyos logros los colocaron entre los más extraordinarios seres humanos que han vivido jamás: Gandhi, la Madre Teresa, Martin Luther King, Jr., el Dalai Lama, Leonardo Da Vinci, Platón, Shakespeare, Esopo, Blake, Emerson, Dickens, Proust, Descartes, Lincoln, Jung, Newton, Einstein y muchos, muchos más.

Los descubrimientos de Albert Einstein cambiaron la manera en que vemos el Universo y, cuando se le preguntó sobre sus monumentales logros, sólo habló de dar las gracias a los demás. ¡Una de las mentes más brillantes de todos los tiempos daba gracias a los demás más de cien veces al día por el trabajo que habían realizado!

¿Es motivo de asombro que tantos misterios de la vida hayan sido revelados a Albert Einstein? ¿Resulta acaso asombroso que Albert Einstein haya logrado algunos de los más importantes descubrimientos de la historia? Él practicó la gratitud cada día de su vida y, a cambio de ello, recibió abundancia en muchas formas.

Cuando a Isaac Newton se le preguntó cómo había logrado sus descubrimientos científicos, respondió que se había parado sobre los hombros de gigantes. Isaac Newton, quien en una reciente votación fue reconocido como el mayor contribuyente a la ciencia y a la humanidad, se sintió también *agradecido* por los hombres y mujeres que le precedieron.

Científicos, filósofos, inventores, descubridores y profetas que practicaron la gratitud cosecharon sus frutos y la mayoría estuvo consciente de su inherente poder. Sin embargo, el poder de la gratitud es aun hoy en día algo desconocido para la mayoría de las personas, porque para experimentar la magia de la gratitud, ¡hay que practicarla!

Mi descubrimiento

Mi historia personal es un perfecto ejemplo de lo que es la vida cuando una persona ignora la gratitud y lo que ocurre cuando incorpora la gratitud a su vida.

Si a mí se me hubiera preguntado seis años atrás si yo era una persona agradecida, habría respondido: "Sí, claro que soy una persona agradecida. Doy las gracias cuando me hacen un regalo, cuando alguien abre la puerta para que yo pase, o cuando alguien hace algo por mí".

La verdad es que yo no era una persona agradecida en ningún sentido. No sabía lo que *realmente* significaba estar agradecida y el simple hecho de pronunciar la palabra *gracias* en raras ocasiones no me hacía una persona agradecida.

Mi vida sin gratitud tenía bastantes desafíos. Estaba endeudada y mi deuda crecía un poco más cada mes. Aunque trabajaba muy duro, mis finanzas nunca mejoraban. Intentaba mantenerme al día con la creciente deuda y con mis obligaciones pero vivía en un estado continuo de estrés. Mis relaciones oscilaban como un péndulo, de aceptables a desastrosas, porque nunca parecía contar con suficiente tiempo para cada persona.

Aunque estaba lo que podía considerarse "saludable", me sentía exhausta al final del día y siempre recibí mi cuota de catarros y enfermedades que surgen en cada temporada. Tenía momentos felices cuando salía con amigos o cuando me iba de vacaciones, pero entonces me abrumaba la realidad de tener que trabajar más duro aún para poder pagar esos placeres.

No estaba viviendo. Estaba sobreviviendo – día a día y de un cheque al siguiente. No hacía más que resolver un problema y enseguida surgían otros.

Entonces ocurrió algo que cambiaría mi vida desde ese día en adelante. Descubrí un secreto acerca de la vida, y como resultado de ese descubrimiento, una de las cosas que comencé a hacer fue practicar la gratitud cada día. El resultado de esto fue que todo en mi vida cambió y, mientras más practicaba la gratitud, más milagrosos eran los resultados. Mi vida se hizo realmente mágica.

Por primera vez en mi vida me liberé de todas mis deudas y poco tiempo después contaba con todo el dinero que necesitaba para hacer lo que quería. Los problemas en mis relaciones, en el trabajo y de salud desaparecieron y, en lugar de enfrentar obstáculos diarios, mis días se llenaron de una cosa buena tras otra. Mi salud y mi energía mejoraron drásticamente y me sentía mejor que cuando tenía veintitantos años. Mis relaciones se hicieron mucho más significativas y disfruté más con mi familia y amigos en sólo unos meses que en todos los años anteriores.

Más que todo, me sentía más feliz de lo que yo creía posible. Estaba dichosamente feliz, más feliz que nunca. La gratitud me cambió y mi vida entera dio un giro mágico.

TRAE LA MAGIA
A TU VIDA

No importa quién seas o dónde estés ni cuáles sean tus actuales circunstancias, ¡la magia de la gratitud cambiará toda tu vida!

He recibido cartas de miles de personas en las peores situaciones imaginables que han cambiado sus vidas completamente practicando la gratitud. He visto milagros en la salud cuando parecía no haber esperanza. He visto matrimonios que se han salvado y relaciones que aunque parecían terminadas, sen transformaron en magníficas relaciones. He visto personas en la pobreza total alcanzar prosperidad y he visto personas deprimidas que han logrado vidas alegres y realizadas.

La gratitud puede mágicamente cambiar relaciones y convertirlas en alegres y significativas, no importa en el estado en que se encuentren actualmente. La gratitud puede milagrosamente hacerte más próspero y proveer el dinero que necesites para las cosas que quieras hacer. Mejorará tu salud y te traerá un nivel de felicidad que sobrepasa todo lo que has sentido hasta ahora. La gratitud ejercerá su magia para acelerar tu carrera, aumentar tus éxitos y darte el trabajo de tus sueños o cualquier cosa que desees hacer. Es más, no importa qué sea lo que quieras ser, hacer o tener, la gratitud es la forma de lograrlo. ¡El poder mágico de la gratitud convierte tu vida en oro!

Si practicas la gratitud, entenderás por qué ciertas cosas específicas de tu vida pueden haber ido mal y por qué otras pueden estar faltando en tu vida. Si haces de la gratitud un estilo de vida, te levantarás cada mañana entusiasmado por estar vivo. Te sentirás completamente enamorado de la vida. Te parecerá que nada requiere esfuerzo. Te sentirás ligero como una pluma y más feliz que lo que te has sentido jamás. Podrán presentarse desafíos, pero sabrás cómo resolverlos y aprender de ellos. Cada día será mágico; cada día estará lleno de mucha más magia que cuando eras niño.

¿Es mágica tu vida?

Ahora mismo puedes descubrir cuánta gratitud has usado en tu vida. Mira no más las áreas principales de tu vida: dinero, salud, felicidad, carrera, hogar y relaciones. Las áreas de tu vida que son abundantes y magníficas son aquellas en que has usado la gratitud y, por lo tanto, tienen magia. Las áreas que no son abundantes y magníficas son así por falta de gratitud.

Es muy simple: cuando no te sientes agradecido no puedes recibir más a cambio. Has impedido que la magia continúe en tu vida. Cuando no estás agradecido, detienes el curso de una mejor salud, mejores relaciones, más alegría, más dinero y ascensos en tu trabajo, carrera o negocios. Para *recibir* tienes que *dar*. Es la ley. La gratitud equivale a *dar* gracias, y sin eso te eliminas de la magia y de *recibir* cualquier cosa que quieras en la vida.

En un final, la ingratitud significa que cuando no somos agradecidos, estamos *adquiriendo*; dando por hechas las cosas en nuestra vida. Cuando tomamos las cosas por hechas estamos involuntariamente quitándonos cosas. La ley de atracción dice que los semejantes se atraen mutuamente, así que si tomamos algo por hecho, estaremos por tanto quitándonos cosas. Recuerda: "Al que no tiene **gratitud,** aun lo que tiene le será quitado".

Con toda seguridad te has sentido agradecido varias veces en tu vida, pero para ver la magia y causar un cambio radical en tus circunstancias actuales, tienes que practicar la gratitud y convertirla en tu nueva forma de vida.

La fórmula mágica

"El conocimiento es un tesoro, pero la práctica es la llave para abrirlo".

IBN KHALDOUN AL MUQADDIMA (1332–1406)
ERUDITO Y ESTADISTA

Antiguos mitos y leyendas dicen que para crear magia una persona debe primero pronunciar "palabras mágicas". Crear magia a partir de la gratitud funciona del mismo modo, pronunciando primero la palabra mágica: *gracias*. Es bueno recalcar la importancia que la palabra *gracias* tiene para tu vida. Para vivir en gratitud, para experimentar la magia en tu vida, la palabra *gracias* debe convertirse en el vocablo que deliberadamente expreses y sientas más que cualquier otro. Es necesario que se convierta en tu identidad. La palabra *gracias* es el puente que te va a llevar de donde estás ahora hacia la vida de tus sueños.

La fórmula mágica:

1. Piensa deliberadamente y pronuncia la palabra mágica: *gracias*.

2. Mientras más deliberadamente pienses y pronuncies la palabra mágica, *gracias*, más gratitud sentirás.

3. Mientras más gratitud pienses y sientas de forma deliberada, más abundancia recibirás.

La gratitud es un sentimiento. De modo que en última instancia practicar la gratitud es *sentirla*, deliberadamente, lo más que uno pueda, porque es la fuerza de ese sentimiento lo que acelera la magia en tu vida. La ley de Newton es uno por uno: lo que das, lo recibes en iguales proporciones. Esto significa que si aumentas tu sentimiento de gratitud, ¡los resultados en tu vida se ampliarán para *igualar* el nivel de tu sentimiento! Mientras más auténtico sea el sentimiento, mientras más sinceramente agradecido te sientas, más rápidamente cambiará tu vida.

Cuando descubras cuán poca práctica se requiere, cuán fácil se puede incorporar la gratitud a tu vida diaria, y cuando veas los resultados mágicos para ti, nunca más querrás regresar a tu vida de antes.

Si practicas un poco la gratitud, tu vida cambiará un poco. Si practicas mucha gratitud cada día, tu vida cambiará drásticamente y en formas que apenas eres capaz de imaginar.

Un libro mágico

"Al expresar nuestra gratitud, nunca debemos olvidar que la mayor apreciación no es decir palabras, sino vivir por ellas".

JOHN F. KENNEDY (1917–1963)
35AVO. PRESIDENTE DE LOS ESTADOS UNIDOS

En este libro hay 28 ejercicios mágicos específicamente diseñados para que aprendas a usar el poder mágico de la gratitud a fin de revolucionar tu salud, tu dinero, tu trabajo y tus relaciones, además de hacer realidad tus más pequeños deseos y tus más grandes sueños. Aprenderás también a practicar la gratitud para resolver problemas y revertir cualquier situación negativa.

Te cautivará adquirir este conocimiento que cambiará tu vida, pero si no practicas lo que aprendes, el conocimiento se te escapará entre los dedos y perderás la oportunidad que recibiste de cambiar tu vida fácilmente. Para asegurar que eso no te ocurra, necesitas practicar la gratitud durante 28 días, a fin de impregnar tus células y tu subconsciente de ella. Soló entonces lograrás cambiar tu vida... permanentemente.

Los ejercicios han sido diseñados para completarlos en 28 días consecutivos. Esto te permite hacer de la gratitud un hábito y una nueva forma de vida. Practicar la gratitud en un esfuerzo concentrado durante días consecutivos garantiza que verás la magia que tendrá lugar en tu vida. ¡Y pronto!

Dentro de cada ejercicio mágico abundan enseñanzas secretas que ampliarán tu conocimiento de manera significativa. En cada ejercicio entenderás más y más cómo funciona la vida y cuán fácil es tener la vida que has soñado.

Los doce primeros ejercicios utilizan el poder mágico de la gratitud por lo que tienes ahora y por lo que has recibido anteriormente, porque aunque estés agradecido por lo que tienes y lo que has recibido, la magia no funcionará y no recibirás más. Estos doce primeros ejercicios pondrán la magia en acción de forma inmediata.

Los próximos diez ejercicios utilizan el poder mágico de la gratitud por tus deseos, sueños y todo lo que quieras. A través de estos diez ejercicios podrás hacer realidad tus sueños, ¡y verás cómo cambian las circunstancias de tu vida por arte de magia!

Los últimos seis ejercicios te llevan a un nivel totalmente nuevo, donde estarás saturando de gratitud cada célula de tu cuerpo y mente. Aprenderás a utilizar el poder mágico de la gratitud para ayudar a otros, resolver problemas y mejorar cualquier situación o circunstancia negativa que encuentres a lo largo de tu vida.

No necesitas buscar tiempo en tu calendario porque cada uno de los ejercicios ha sido creado específicamente para encontrar un lugar en tu vida cotidiana, ya sea en días de trabajo, fines de semana, días feriados o vacaciones. La gratitud es portátil, la llevas contigo adondequiera que vayas, y dondequiera que estés. ¡La magia ocurre!

Si dejas de hacerlo un día, lo más probable es que pierdas el impulso de lo que has hecho. Para asegurarte de que no se reduzca la magia, si pierdes un día, devuélvete tres días y repite los ejercicios otra vez desde ese punto.

Algunos ejercicios están diseñados para hacerse por la mañana y otros para el resto del día, así que lo primero que debes hacer cada mañana es leer el ejercicio de ese día. Algunos ejercicios tendrás que leerlos la noche anterior porque comienzan en el momento en que te despiertas y yo te diré cuando haya que hacerlo así. Tal vez quieras leer el ejercicio del día siguiente cada noche antes de dormir para estar preparado. Si lo haces así, asegúrate de releerlo otra vez por la mañana.

Si no quieres hacer los 28 ejercicios mágicos consecutivamente, puedes utilizarlos de otros modos. Puedes escoger un ejercicio mágico que tenga que ver con un tema importante en tu vida que quieras cambiar o mejorar, y puedes hacer ese ejercicio tres días consecutivos o todos los días de la semana. O puedes hacer un ejercicio mágico a la semana, o dos a la semana, la única diferencia es que te tomará más tiempo notar los cambios en tu vida.

Después de 28 días

Una vez que hayas completado los 28 ejercicios mágicos, puedes utilizar ejercicios particulares para aumentar la magia donde o cuando tengas una necesidad específica, de salud o dinero, si quieres conseguir el trabajo de tus sueños, tener más éxito en tu trabajo o mejorar una relación. O puedes abrir este libro al azar para continuar la práctica de la gratitud y cualquier ejercicio que aparezca en la página que abras es el ejercicio que has atraído y será por tanto el perfecto para ese día.

Al final de los 28 ejercicios mágicos, hay también recomendaciones de ejercicios que puedes utilizar en combinación y que acelerarán la magia en áreas específicas de tu vida.

¿Puede uno excederse en la gratitud? ¡Jamás! ¿Puede tu vida ser demasiado mágica? ¡Difícilmente! Utiliza los ejercicios una y otra vez de manera de que la gratitud se filtre en tu conciencia hasta convertirse en rutina. Después de 28 días habrás renovado la electricidad de tu cerebro e implantado gratitud en tu subconsciente, donde será automáticamente lo primero que te venga a la mente en cualquier situación. La magia que experimentes será tu inspiración, porque según vayas incorporando gratitud a tus días, ¡no dejarán de ser espectaculares!

¿Cuáles son tus sueños?

Muchos de los ejercicios mágicos están diseñados para ayudarte a lograr tus sueños. Por lo tanto, necesitas claridad sobre lo que *realmente* deseas.

Siéntate con una computadora o con pluma y papel y haz una lista de lo que realmente deseas en cada área de tu vida. Piensa detalladamente lo que quieres ser, hacer, o tener en la vida: en tus relaciones, tu carrera, tu salud y cada área que sea importante para ti. Puedes ser todo lo específico y detallado que quieras, pero recuerda que tu tarea es simplemente hacer una lista de lo que deseas, no cómo lograrlo. Sabrás "cómo" cuando la gratitud haga su magia.

Si quieres un mejor trabajo o el trabajo de tus sueños, piensa entonces en todo lo que deseas que sea ese trabajo. Piensa en las cosas que son importantes para ti, por ejemplo, el tipo de trabajo que quieres hacer, cómo te quieres sentir en tu trabajo, el tipo de compañía en la que te gustaría trabajar, la clase de personas con las que quisieras trabajar, el horario en que quisieras trabajar, dónde quisieras que esté ese trabajo y el salario que quisieras ganar. Obtén claridad acerca de lo que deseas en el trabajo pensando profundamente y anotando todos los detalles.

Si quieres dinero para la educación de tus hijos, analiza cada detalle, incluyendo la universidad en la que quisieras que tus hijos estudien, el costo de las matrículas, los libros, las comidas, la ropa y el transporte, de manera que sepas exactamente cuánto dinero vas a necesitar.

Si quieres viajar, anota los detalles sobre los países que quisieras visitar, cuánto tiempo quieres que dure el viaje, qué cosas quieres ver, dónde te quieres hospedar y los medios de transporte que quieres usar en el viaje.

Si quieres una pareja perfecta, escribe detalladamente las características que quisieras que tenga esa persona. Si quieres mejorar tus relaciones, anota las que quieras mejorar y cómo quieres que sean.

Si quieres más salud o mejorar tu condición física, haz una lista detallada de las maneras en que quisieras mejorar tu salud o tu cuerpo. Si quieres la casa de tus sueños, haz una lista de cada detalle que quieras que tenga esa casa, cuarto por cuarto. Si hay cosas materiales específicas que quieres, como un automóvil, ropa o artículos eléctricos, haz una lista.

Si quieres lograr algo, como aprobar un examen, obtener un título universitario, alcanzar una meta deportiva, tener éxito como músico, médico, escritor, actor, científico o ejecutivo de negocios, cualquiera que sea lo que quieres lograr, anótalo lo más específicamente posible.

Te recomendaría enfáticamente que encuentres tiempo para mantener una lista de tus sueños a lo largo de tu vida. Anota las cosas pequeñas, las grandes o lo que quieras en este momento, este mes, o este año. Según vayas pensando más cosas, añádelas a la lista, y según vayas recibiendo cosas, táchalas de la lista. La manera más fácil de hacer una lista de lo que quieres es dividirla en categorías:

Salud y cuerpo

Carrera y trabajo

Dinero

Relaciones

Deseos personales

Cosas materiales

Añade las cosas que quieres en cada categoría.

Cuando tengas claridad sobre las cosas que quieres, estarás señalando la dirección definitiva en que quieres que el poder mágico de la gratitud cambie tu vida, ¡y entonces estarás listo para comenzar las aventura más emocionante y apasionante que has experimentado jamás!

Día 1

ENUMERA TUS BENDICIONES

"Cuando comencé a enumerar mis bendiciones, mi vida entera dio un giro".

WILLIE NELSON (N. 1933)
CANTAUTOR

Habrás oído a la gente decirte que enumeres tus bendiciones. Cuando te detienes a pensar en las cosas por las que estás agradecido, eso es exactamente lo que estás haciendo. Pero de lo que no te has dado cuenta es que enumerar tus bendiciones es uno de los ejercicios más poderosos que puedes hacer, ¡y mágicamente le dará un giro completo a toda tu vida!

Cuando estás agradecido por las cosas que tienes, no importa cuán pequeñas sean, las verás aumentar instantáneamente. Si estás agradecido por el dinero que tienes, aunque sea poco, verás cómo aumenta mágicamente. Si estás agradecido por una relación, aunque no sea perfecta, verás cómo milagrosamente mejora. Si estás agradecido por el empleo que tienes,

aunque no sea el trabajo de tus sueños, las cosas
empezarán a cambiar para que lo disfrutes más y
súbitamente aparecerán oportunidades de todo tipo.

El lado opuesto de la moneda es que cuando no
enumeramos nuestras bendiciones, caemos en la
trampa de involuntariamente enumerar cosas negativas.
Enumeramos cosas negativas cuando hablamos sobre lo
que no tenemos. Enumeramos cosas negativas cuando
criticamos o encontramos faltas en los demás, cuando
nos quejamos del tráfico, de la larga espera en una fila,
de las demoras, del gobierno, de no tener suficiente
dinero o del clima. Cuando enumeramos cosas
negativas, éstas aumentan también, pero peor aún,
con cada cosa negativa que enumeramos, cancelamos
bendiciones que estaban en camino. He tratado de
hacer ambas cosas – enumerar mis bendiciones y
enumerar cosas negativas – y puedo asegurarte que
el único camino hacia la abundancia en tu vida es
enumerar tus bendiciones.

*"Es mejor perder la cuenta nombrando tus bendiciones
que perder tus bendiciones contando tus problemas".*

MALTBIE D. BABCOCK (1858–1901)
AUTOR Y CLÉRIGO

Lo primero que debes hacer cada mañana, o lo más
temprano que puedas durante el día, es enumerar
tus bendiciones. Puedes hacer una lista a mano, en
la computadora o utilizando un cuaderno especial
o diario en el que mantengas todas tus gratitudes

en un sitio. Hoy vas a hacer una simple lista de diez
bendiciones en tu vida por las que estás agradecido.

Cuando Einstein daba gracias, se detenía a pensar *por
qué* estaba agradecido. Cuando pienses en la razón
por la cual estás agradecido por algo especial, una
persona o una situación, sentirás más profundamente
la gratitud. ¡Recuerda que la magia de la gratitud se
equipara con el nivel de tu sentimiento! Así que junto
a cada renglón en tu lista escribe la razón por la que te
sientes agradecido.

Aquí van algunas ideas para tu lista:

- *Me siento realmente bendecido por tener* ____*¿qué?*____,
  porque ____*¿por qué?*____.

- *Estoy feliz y agradecido por* ____*¿qué?*____,
  porque ____*¿por qué?*____.

- *Estoy verdaderamente agradecido por* ____*¿qué?*____,
  porque ____*¿por qué?*____.

- *De todo corazón, doy gracias por* ____*¿qué?*____,
  porque ____*¿por qué?*____.

Cuando termines de hacer tu lista de diez bendiciones,
devuélvete y lee cada una, mentalmente o en voz alta.
Cuando llegues al final de cada bendición, repite la
palabra mágica tres veces: *gracias, gracias, gracias,* y
siente la mayor gratitud posible por cada bendición.

Para ayudarte a sentir más gratitud, puedes estar
agradecido por el Universo, por Dios, el Espíritu, por la

bondad, la vida, tu más profundo ser o cualquier otro concepto que te atraiga. Cuando dirijas tu gratitud hacia algo o alguien, te sentirás aún mejor, ¡y tu gratitud tendrá incluso más poder y creará más magia! Es la razón por la cual las culturas indígenas y antiguas escogían símbolos como el sol hacia los que dirigir su gratitud. Simplemente usaban símbolos físicos para representar la fuente universal de toda bondad y al enfocarse en cada símbolo sentían una mayor gratitud.

El ejercicio de enumerar tus bendiciones es tan simple y tan poderoso para alterar tu vida que quiero que continúes añadiendo diez bendiciones más a tu lista todos los días durante los próximos 27 días. Tal vez pienses que podría ser difícil encontrar diez cosas por las que estar agradecido cada día, pero mientras más pienses en ello más cuenta te darás de *lo mucho que tienes para agradecer*. Observa tu vida detalladamente. Has recibido y continúas recibiendo tanto cada día. ¡Hay realmente tantas cosas por las que dar gracias!

Podrías estar agradecido por tu hogar, tu familia, tus amigos, tu trabajo y tus mascotas. Podrías estar agradecido por el sol, el agua que bebes, los alimentos que comes y el aire que respiras; si te faltara alguna de estas cosas no estarías vivo. Podrías estar agradecido por los árboles, los animales, los océanos, los pájaros, las flores, las plantas, los cielos azules, la lluvia, las estrellas, la luna y nuestro hermoso planeta Tierra.

Podrías estar agradecido por tus sentidos: los ojos con los que ves, los oídos con los que oyes, la boca con la que percibes sabores, la nariz con la que hueles y la

piel que te permite sentir. Podrías estar agradecido
por las piernas con las que caminas, las manos que
usas para casi todo, la voz que te permite expresarte
y comunicarte con los demás. Podrías dar gracias por
tu asombroso sistema inmunológico que te mantiene
saludable y por todos los órganos que mantienen
tu cuerpo para poder vivir. ¿Y qué me dices de la
magnificencia de la mente humana, la cual ninguna
tecnología de computación en el mundo puede igualar?

Aquí va la lista de temas que te recordarán las
principales áreas donde puedes buscar bendiciones que
agradecer. Puedes también añadir cualquier otro tema
que quieras, dependiendo de lo que sea importante
para ti según el momento.

Temas de gratitud mágica:

- *La salud y el cuerpo*

- *El trabajo y el éxito*

- *El dinero*

- *Las relaciones*

- *Las pasiones*

- *La felicidad*

- *El amor*

- *La vida*

- *La naturaleza: el planeta Tierra, el aire, el agua y el sol*

- *Bienes materiales y servicios*

- *Cualquier tema que escojas*

Debes sentirte significativamente mejor y más feliz
cada vez que enumeres tus bendiciones, y lo bien que
te sientas es la medida de tu gratitud. Mientras más
gratitud sientas, más feliz serás y la vida te cambiará
con mayor rapidez. Algunos días te sentirás feliz con
verdadera rapidez, mientras otros días es posible
que tome un poco más de tiempo. Pero al continuar
enumerando tus bendiciones cada día, notarás una
diferencia más y más significativa en la manera
de sentirte, ¡y verás tus bendiciones multiplicarse
mágicamente!

Recordatorio mágico

Asegúrate de leer el ejercicio mágico de mañana
en algún momento hoy, pues necesitarás hacer algo
específico antes de comenzar mañana.

EJERCICIO MÁGICO NÚMERO 1

Enumera tus bendiciones

1. A primera hora de la mañana, haz una lista de **diez** bendiciones en tu vida por las que estás agradecido.

2. Escribe *por qué* estás agradecido por cada bendición.

3. Ve atrás y lee la lista, mentalmente o en voz alta. Al final de cada una, repite la palabra mágica, *gracias, gracias, gracias,* y siente la mayor gratitud posible por esa bendición.

4. Repite los primeros tres pasos de este ejercicio mágico cada mañana durante los próximos 27 días.

5. Lee hoy el ejercicio mágico de mañana.

Día 2
LA PIEDRA MÁGICA

"Refléjate en tus actuales bendiciones, que tienes en abundancia; no en tus pasados infortunios, de los cuales todos los hombres tenemos algunos".

CHARLES DICKENS (1812–1870)
AUTOR

Inicialmente el trabajo con estos ejercicios toma días consecutivos de concentración para convertir la gratitud en una costumbre. Cualquier cosa que te recuerde estar agradecido te ayuda a convertir la vida en oro, y esa es exactamente la idea de este ejercicio mágico.

Lee Brower presentó el ejercicio de la piedra de gratitud en la película y el libro *El Secreto,* cuando nos contó la historia del padre de un niño moribundo que utilizaba la piedra de gratitud para sentirse agradecido por la salud de su hijo y su hijo logró una recuperación milagrosa. Desde entonces la piedra de gratitud ha sido un éxito probado en muchas personas en todo el mundo que la han utilizado para obtener dinero, curarse y lograr la felicidad.

Ante todo, busca una piedra. Escógela de un tamaño pequeño que te quepa en la palma de la mano y puedas encerrarla con tus dedos. Que sea suave, sin bordes afilados, no muy pesada y que se sienta bien en la mano.

Puedes encontrar esta piedra mágica en tu jardín, si tienes uno, o en el fondo de un río, un arroyo, un océano o un parque. Si no tienes acceso a alguno de estos sitios, entonces pregúntale a tus vecinos, tu familia o tus amigos. A lo mejor tienes ya una piedra preciosa que puedas usar como tu piedra mágica.

Cuando hayas encontrado tu piedra mágica, colócala junto a tu cama, en un sitio donde definitivamente la veas cuando vayas a acostarte. Si es necesario, créale un espacio para que la puedas ver fácilmente al acostarte. Si utilizas un reloj despertador, ponla junto al despertador.

Esta noche, antes de acostarte, toma la piedra mágica en la palma de tu mano y enciérrala con tus dedos.

Haz memoria y piensa cuidadosamente sobre todas las cosas que han ocurrido durante el día, y encuentra *lo mejor* que te haya ocurrido y por lo que te sientes agradecido. Entonces di la palabra mágica, *gracias,* por lo mejor que te ocurrió. Entonces devuelve la piedra mágica a su lugar junto a tu cama. ¡Eso es todo!

Cada noche durante los próximos 26 días, repite ese mismo ejercicio con tu piedra mágica. Antes de dormirte, piensa en todos los pormenores del día y encuentra *lo mejor* que te ha pasado ese día. Sosteniendo tu piedra mágica en la mano, agradece ese hecho lo más que puedas y pronuncia la palabra *gracias*.

El uso de una piedra puede parecer algo muy simple, pero mediante este ejercicio verás que comenzarán a ocurrir cosas mágicas en tu vida.

Cuando busques *lo mejor* que te ha ocurrido ese día, revisa las muchas cosas que ocurrieron y, en el proceso de buscar y decidir qué fue *lo mejor,* estarás en realidad pensando en las muchas cosas que tienes para agradecer. Será una manera también de asegurar que te dormirás y te despertarás en gratitud cada día.

Los ejercicios de enumerar tus bendiciones y de la piedra mágica aseguran que empezarás y terminarás cada día en un estado de gratitud. Es más, son tan poderosos que juntos serían capaces de cambiarte la vida en pocos meses. Pero este libro está diseñado para cambiar tu vida con verdadera rapidez mediante abundantes ejercicios mágicos. Como la gratitud es magnética y atrae más cosas que agradecer, la acumulación en 28 días intensificará la fuerza magnética de tu gratitud. Cuando tienes una sólida fuerza magnética de gratitud, ¡todo lo que desees y necesites se magnetizará hacia ti como por arte de magia!

Recordatorio mágico

Asegúrate de leer el ejercicio mágico de mañana
en algún momento hoy porque necesitarás obtener
algunas fotografías antes de empezar.

EJERCICIO MÁGICO NÚMERO 2

La piedra mágica

1. Repite los pasos uno al tres del ejercicio mágico número 1: Enumera tus bendiciones: Haz una lista de diez bendiciones. Escribe *por qué* estás agradecido. Relee tu lista y al final de cada bendición repite *gracias, gracias, gracias,* y siente la mayor gratitud posible por esa bendición.

2. Busca una piedra mágica y colócala junto a tu cama.

3. Antes de irte a dormir cada noche toma tu piedra mágica en la mano y piensa en *lo mejor* que te ocurrió hoy.

4. Di la palabra mágica, *gracias,* por *lo mejor* que te ocurrió hoy.

5. Repite el ejercicio de la piedra mágica cada noche durante los próximos 26 días.

6. Lee hoy el ejercicio mágico de mañana.

Día 3
RELACIONES MÁGICAS

Imagina que fueras la única persona en la Tierra; no tendrías deseos de hacer nada. ¿Qué sentido tendría crear una pintura si nadie podría verla? ¿Qué sentido tendría componer música si nadie la podría oír? ¿Qué sentido tendría inventar algo si nadie podría utilizarlo? No habría razón de mudarse de un lado a otro porque adondequiera que fueras sería lo mismo que en el sitio anterior. No habría nadie allí. No habría placer ni alegría en tu vida.

Es el contacto y las experiencias con otras personas lo que trae alegría, significado y propósito a tu vida. Es por ello que tus relaciones afectan tu vida más que ninguna otra cosa. Para recibir la vida de tus sueños, es vital que entiendas cómo tus relaciones afectan tu vida ahora y cómo constituyen los canales más poderosos para que la gratitud comience mágicamente a cambiar tu vida.

La ciencia actual ha confirmado la sabiduría de antaño con investigaciones que muestran que las personas que practican la gratitud tienen relaciones más estrechas, están mejor conectadas con familiares y amigos, y otras personas las miran favorablemente. Pero probablemente la estadística más asombrosa que ha salido de estos estudios investigativos es que por *cada* queja, en pensamiento o palabra, que existe sobre otra persona, tiene que haber *diez* bendiciones para que la relación florezca. Si hubiera menos de diez bendiciones por cada queja, la relación se deterioraría, y si la relación es un matrimonio, lo más probable es que termine en divorcio.

La gratitud hace que las relaciones florezcan. A medida que aumentes tu gratitud por cada relación, recibirás mágicamente una abundancia de felicidad y cosas buenas en esa relación. Y la gratitud por tus relaciones no cambian sólo tus relaciones, sino que también te cambian a ti. No importa cuál sea tu temperamento actual, la gratitud te dará más paciencia, entendimiento, compasión y bondad, al punto que ni tú mismo te reconocerás. Las pequeñas irritaciones que una vez sentiste y las quejas que tenías acerca de tus relaciones desaparecerán, porque cuando estás realmente agradecido por otra persona, no hay nada que quieras cambiar en esa persona. No la vas a criticar, ni te vas a quejar, ni la vas a culpar, porque estás demasiado ocupado practicando la gratitud por todas las cosas buenas que tiene. Es más, ni siquiera vas a poder ver las cosas de las que te quejabas antes.

"Sólo puede decirse que estamos vivos en aquellos momentos en que nuestros corazones están conscientes de nuestros tesoros".

THORNTON WILDER (1897–1975)
AUTOR Y DRAMATURGO

Las palabras son muy poderosas, y es así que cuando te quejas de alguien, estás en realidad haciéndole daño a *tu* vida. Es *tu* vida la que sufre. Bajo la ley de atracción cualquier cosa que piensas o dices de otra persona la estás atrayendo hacia ti. Esta es la verdadera razón por la que las mentes y maestros más brillantes del mundo nos han dicho que seamos agradecidos. Ellos sabían que para recibir más en *tu* vida, para que *tu* vida crezca mágicamente, tienes que estar agradecido por las demás personas tal como son. ¿Qué pasaría si cada persona cercana a ti te dijera: "Te quiero... tal como eres"? ¿Cómo te sentirías?

¡El ejercicio mágico de hoy es estar agradecido por las personas tal como son! Aunque en este momento todas tus relaciones sean buenas, mejorarán con mayor magnificencia mediante este ejercicio. Y con todo lo que encuentres que agradecer en cada persona, verás cómo la gratitud realiza su increíble magia, y tus relaciones serán más fuertes, más completas y más enriquecedoras que lo que jamás llegaste a imaginar.

Escoge tres de tus relaciones más cercanas por las que estar agradecido. Puedes escoger a tu esposa, tu hijo, tu padre o tu novia, tu socio y tu hermana. Puedes escoger a tu mejor amigo, tu abuela y tu tío. Puedes escoger las tres relaciones que quieras y que sean importantes para ti, siempre y cuando tengas una fotografía de cada persona. La fotografía puede ser de esa persona sola o de ustedes dos juntos.

Una vez que hayas seleccionado tus tres relaciones y sus respectivas fotografías, estarás listo para poner en acción la magia. Siéntate y piensa en las cosas que más agradeces de cada una de estas personas. ¿Cuáles son las cosas que más te agradan de esta persona? ¿Cuáles son sus mejores cualidades? Podrías estar agradecido por su paciencia, su capacidad para escuchar, sus talentos, su fortaleza, su buen juicio, su sabiduría, su risa, su sentido del humor, sus ojos, su sonrisa o su bondadoso corazón. Podrías estar agradecido por las cosas que disfrutas con esa persona, o puedes recordar la vez que estuvo pendiente de ti, te cuidó o te apoyó.

Después que pases algún tiempo pensando en las cosas que agradecer de esa persona, coloca su fotografía frente a ti y, con una pluma y un cuaderno o en tu computadora, escoge las cinco cosas que más agradeces. Mira la fotografía de la persona mientras haces la lista, comienza cada oración con la palabra mágica, *gracias,* dirígete a la persona por su nombre y entonces escribe la razón por la que estás agradecido.

Gracias, _____su nombre_____, por _____¿qué?_____ .

Por ejemplo: "Gracias, Juan, por hacerme reír siempre". O "Gracias, Mamá, por tu apoyo durante mis años universitarios".

Cuando hayas terminado tus listas sobre las tres personas, continúa este ejercicio mágico y lleva las fotografías contigo y ponlas donde puedas verlas con frecuencia. Cada vez que mires las fotografías hoy, exprésale tu gratitud a cada persona pronunciando la palabra mágica, *gracias,* y el nombre de la persona:

Gracias, Hayley.

Si estás cambiando de lugar con mucha frecuencia, lleva las fotos contigo en una cartera o en el bolsillo y haz un esfuerzo por mirarlas tres veces durante el día siguiendo el mismo procedimiento.

Ahora ya sabes cómo utilizar el poder mágico de la gratitud para transformar tus relaciones en relaciones mágicas. Aunque no es parte del requisito de este libro, tal vez quieras tomar este asombroso ejercicio y utilizarlo cada día si fuera necesario para hacer que cada una de tus relaciones sea magnífica. Puedes aplicarlo a la misma relación todas las veces que quieras. Mientras más puedas agradecer las cosas buenas de cada una de tus relaciones, más pronto cambiará milagrosamente cada relación en tu vida.

EJERCICIO MÁGICO NÚMERO 3

Relaciones mágicas

1. Repite los pasos del uno al tres del ejercicio
    mágico número 1: Enumera tus bendiciones: Haz
    una lista de diez bendiciones. Escribe *por qué*
    estás agradecido. Relee tu lista y al final de cada
    bendición, repite *gracias, gracias, gracias,* y siente la
    mayor gratitud posible por esa bendición.

2. Escoge **tres** de tus relaciones más cercanas y obtén
    una fotografía de cada una.

3. Con la foto delante de ti, escribe **cinco** cosas por las
    que sientes la mayor gratitud de cada persona en tu
    cuaderno o en tu computadora.

4. Comienza cada oración con la palabra mágica,
    gracias, incluye sus nombres y la razón específica de
    tu gratitud.

5. Lleva las tres fotografías contigo hoy o colócalas
    en un sitio donde puedas verlas con frecuencia.
    Míralas por lo menos **tres** veces, háblale al rostro de
    cada persona en la fotografía y agradéceles usando
    la palabra mágica, *gracias,* y sus nombres. *Gracias,
    Hayley.*

6. Antes de irte a dormir cada noche toma tu piedra
    mágica en la mano y di la palabra mágica, *gracias,*
    por *lo mejor* qué ocurrió durante el día.

Día 4

SALUD MÁGICA

"La salud es la mayor de las riquezas".

VIRGILIO (70 AC–19 AC)
POETA ROMANO

La salud es lo más preciado que hay en la vida y, sin embargo, más que ninguna otra cosa, la damos por segura. Muchos de nosotros solo pensamos en la salud cuando la perdemos. Y entonces el hecho nos golpea: sin la salud no tenemos nada.

Un proverbio italiano dice la verdad acerca de la salud de muchos de nosotros: "El que disfruta de buena salud, es rico aunque no lo sabe". Aunque rara vez pensamos en la salud cuando estamos bien, las palabras del proverbio habrían tenido un impacto más real si hubieras estado sintiendo algún malestar menor como un catarro o la influenza y estuvieras en cama. Cuando estás enfermo, lo único que quieres es sentirte bien y nada es más importante que recuperar tu salud.

La salud es un regalo de la vida; es algo que recibes y continúas recibiendo cada día. Además de todo lo demás que hacemos para mantenernos saludables, ¡debemos estar agradecidos por nuestra salud a fin de continuar recibiendo más salud!

Recuerda:

*"A cualquiera que sienta **gratitud** (por la salud) se le dará más, y tendrá en abundancia. A cualquiera que no sienta **gratitud** (por la salud) aun lo que tiene le será quitado".*

Es posible que conozcas personas que han escogido un estilo de vida saludable y aun así han perdido la salud. *Dar gracias* por la salud que *recibes* es vital. Cuando estás agradecido por la salud, no solo mantendrás la salud que ahora tienes, sino que al mismo tiempo echarás a andar la magia para aumentar la corriente de salud hacia ti. También comenzarás a ver mejorías en tu salud inmediatamente. Pequeños dolores y molestias, granos, cicatrices o marcas comenzarán mágicamente a desaparecer y notarás un marcado aumento en energía, vitalidad y felicidad.

Como aprenderás más adelante, a través del ejercicio diario de gratitud por tu salud puedes mejorar la vista, la audición y todos tus sentidos, al igual que cada función de tu cuerpo. ¡Y todo eso ocurrirá como por arte de magia!

"La gratitud es una vacuna, una antitoxina y un antiséptico".

JOHN HENRY JOWETT (1864–1923)
PREDICADOR PRESBITERIANO Y AUTOR

Tu salud mejorará mágicamente en exactamente la misma medida en que agradezcas tu salud, y tu salud disminuirá exactamente en la misma medida en que no la agradezcas. Vivir con una salud disminuida significa que tu energía, vitalidad, sistema inmunológico, claridad mental y cualquier otra función de tu cuerpo y mente se verá debilitada.

Estar agradecido por tu salud te asegura que continuarás recibiendo más salud que agradecer al tiempo que elimina el estrés y la tensión de tu cuerpo y mente. Hay investigaciones científicas que han demostrado que el estrés y la tensión constituyen la raíz de muchas enfermedades. Incluso los Centros de Control y Prevención de Enfermedades (CDC por sus siglas en inglés), agencia gubernamental de los Estados Unidos, dicen que las emociones causan el 85 por ciento de las enfermedades. Hay estudios que también han revelado que las personas que practican la gratitud sanan más rápidamente, ¡y tienen mayores probabilidades de prolongar sus vidas siete años más!

Puedes medir el estado de tu salud en este momento por el nivel de tu gratitud. Debes sentirte increíblemente bien todos los días. Si te sientes pesado y te parece que vivir requiere mucho esfuerzo o si no te sientes más joven que tu edad, entonces estás viviendo con una salud disminuida. Una de las principales causas de esta pérdida de vitalidad es la falta de gratitud. Todo eso está a punto de cambiar, sin embargo, ¡porque vas a utilizar el poder mágico de la gratitud para mantener tu cuerpo saludable!

El ejercicio de la salud mágica comienza con la lectura de los siguientes párrafos acerca de tu salud. Después de leer cada línea en letra cursiva sobre una parte específica de tu cuerpo, cierra los ojos y repite mentalmente esa línea, sintiéndote lo más agradecido posible por cada parte de tu cuerpo. Recuerda que pensar en *por qué* estás agradecido te ayudará a sentir la gratitud más profundamente, y mientras más profundamente la sientas, más pronto sentirás y verás los increíbles resultados en tu cuerpo.

Piensa en tus piernas y tus pies. Son tu principal medio de transporte. Piensa en el uso que le das a tus piernas, como cuando mantienes el equilibrio, te pones de pie, te sientas, haces ejercicios, bailas, subes escaleras, conduces un automóvil y, más que todo, el milagro de cuando caminas. Tus piernas y pies te permiten caminar en tu casa, ir al baño, ir a la cocina para tomar algo y caminar hacia el automóvil. Tus piernas y pies te permiten caminar alrededor de las tiendas, en la calle, en un aeropuerto y en la playa. ¡La capacidad de caminar nos da libertad para disfrutar de la vida! Di: *¡gracias por mis piernas y pies!* y dilo con sinceridad.

Piensa en tus brazos y manos y cuántas cosas puedes sostener en un día. Tus manos son tus principales herramientas y las usas constantemente durante el día, todos los días. Tus manos te permiten escribir, comer, usar un teléfono o una computadora, bañarte, vestirte, ir al baño, recoger cosas y sostenerlas, y hacer tus propias cosas. Sin el uso de las manos dependerías de otras personas para que te hagan las cosas.Di: *¡gracias por mis brazos, mis manos y dedos!*

Piensa en tus increíbles sentidos. Tu sentido del sabor te da placer muchas veces en el día cuando comes y bebes. Cuando has perdido el sentido del sabor debido a un catarro has podido saber que la alegría de comer y beber desaparece si no puedes saborear la comida o las bebidas. Di: *¡gracias por mi increíble sentido del sabor!*

El olfato te permite disfrutar las bellas fragancias de la vida: las flores, los perfumes, las sábanas limpias, la cena mientras se cocina, un fuego en la chimenea en una noche de invierno, el aire en un día de verano, la hierba acabada de cortar, el olor de la tierra después de la lluvia. Di: *¡gracias por mi magnífico olfato!*

Si no tuvieras tacto, no sabrías la diferencia entre caliente y frío, blando y duro, suave y áspero. Nunca podrías sentir los objetos o físicamente expresar amor o recibirlo. El tacto te permite tocar a tus seres queridos con un abrazo tranquilizador y sentir que el contacto de la mano de un ser humano con la de otro es una de las cosas más preciadas en la vida. Di: *¡gracias por mi preciado sentido del tacto!*

Piensa en el milagro de tus ojos que te permiten ver los rostros de tus seres queridos y amigos, leer libros, periódicos y correos electrónicos, ver televisión, contemplar la belleza de la naturaleza y, más importante aún, mirar el camino a lo largo de tu vida. Ponte una venda sobre los ojos durante una hora e intenta hacer las cosas que haces normalmente y apreciarás el sentido de la vista. Di: *¡gracias por los ojos que me permiten verlo todo!*

Piensa en los oídos que te permiten oír tu propia voz, la de otras personas y hablar con la gente. Sin tus oídos y tu sentido de la audición no podrías utilizar el teléfono, oír música, escuchar la radio, oír a tus seres queridos hablar o escuchar cualquiera de los sonidos del mundo que te rodea. Di: *¡gracias por mis oídos!*

Y utilizar cualquiera de tus sentidos sería imposible sin tu cerebro, ¡que procesa más de un millón de mensajes por segundo a través de todos tus sentidos! En realidad es tu cerebro el que te permite sentir y vivir la experiencia de la vida, y no hay una tecnología de computación en el mundo que pueda replicarlo. Di: *¡gracias por mi cerebro y mi hermosa mente!*

Piensa en los millones de millones de células que trabajan incesantemente, veinticuatro horas al día y siete días a la semana, por tu salud, tu cuerpo y tu vida. Di:*¡gracias por mis células!* Piensa en los órganos que te mantienen vivo y que continuamente filtran, limpian y renuevan tu cuerpo, y piensa en el hecho de que hacen todo su trabajo automáticamente sin tú siquiera tener que pensar en ello. Di: *¡gracias a los órganos por funcionar a la perfección!*

Pero más milagroso aún que cualquier sentido, sistema, función u otro órgano en tu cuerpo es el órgano de tu corazón. El corazón gobierna la vida de tus demás órganos, pues es el corazón el que mantiene la vida circulando en cada sistema en tu cuerpo. Di: *¡gracias por mi corazón fuerte y saludable!*

Ahora, toma un pedazo de papel o una tarjeta y escribe en letras grandes y llamativas:

EL REGALO DE LA SALUD ME MANTIENE VIVO.

Lleva la tarjeta contigo hoy y colócala en un sitio donde sabes que la verás a menudo. Si trabajas en un escritorio, puedes colocarla frente a ti. Si eres un conductor, colócala en un sitio dentro de tu automóvil o camión donde la veas a menudo. Si estás en la casa la mayor parte del tiempo, puedes ponerla donde te lavas las manos o cerca del teléfono. Escoge un sitio donde sepas que verás a menudo las palabras que has escrito.

Hoy, al menos en cuatro ocasiones diferentes, cuando veas esas palabras léelas muy despacio, palabra por palabra, y siente la mayor gratitud que puedas por el regalo de la salud.

Estar agradecido por la salud es esencial para mantenerla, y también para garantizar que continuará renovándose con mayor energía y entusiasmo por la vida. Si la gratitud se utilizara conjuntamente con tratamientos médicos convencionales, veríamos una revolución de la salud además de una tasa de recuperación y milagros nunca vistos.

EJERCICIO MÁGICO NÚMERO 4

Salud mágica

1. Repite los pasos uno al tres del ejercicio mágico número 1: Enumera tus bendiciones: Haz una lista de diez bendiciones. Escribe *por qué* estás agradecido. Relee tu lista y al final de cada bendición repite *gracias, gracias, gracias,* y siente la mayor gratitud posible por cada una.

2. En un papel escribe las palabras: **EL REGALO DE LA SALUD ME MANTIENE VIVO.**

3. Coloca el papel con las palabras que escribiste donde sabes que lo verás a menudo hoy.

4. En por lo menos **cuatro** ocasiones, lee las palabras muy despacio y ¡siente la mayor gratitud posible por el precioso regalo de la salud!

5. Antes de irte a dormir esta noche toma tu piedra mágica en la mano y di la palabra mágica, *gracias,* por *lo mejor* que ocurrió durante el día.

Día 5
DINERO MÁGICO

"La gratitud es riqueza. La queja es pobreza".

HIMNO DE LA CIENCIA CRISTIANA

Si hay escasez de dinero en tu vida, entiende que sentirte preocupado, envidioso, celoso, decepcionado, desalentado, dudoso y atemorizado acerca del dinero nunca podrá traerte dinero, porque esos sentimientos se originan en una falta de gratitud por el dinero que tienes. Quejarte acerca del dinero, discutir sobre el dinero, frustrarte por el dinero, criticar el costo de algo o hacer que otra persona se sienta mal por el dinero no son actos de gratitud, y la situación financiera en tu vida no podrá nunca mejorar; se pondrá peor.

No importa cuál sea tu situación actual, la simple idea de que no tienes suficiente dinero es un acto de ingratitud hacia el dinero que tienes. Tienes que quitarte de la mente la situación actual y en cambio sentirte agradecido por el dinero que ya tienes, ¡de

tal modo que el dinero en tu vida pueda aumentar
mágicamente!

"A cualquiera que sienta **gratitud** *(por el dinero) se le
dará más, y tendrá en abundancia. A cualquiera que no
sienta* **gratitud** *(por el dinero) aun lo que tiene le será
quitado".*

Sentirte agradecido por el dinero cuando tienes
muy poco es un desafío para cualquiera, pero
cuando entiendas que nada cambiará hasta que estés
agradecido, te sentirás inspirado a hacerlo.

El tema del dinero puede resultar confuso para mucha
gente, especialmente cuando no tienen suficiente, así
que hay que dar dos pasos hacia el ejercicio del dinero
mágico. Es importante que leas todo el ejercicio del
dinero mágico al empezar el día porque continuarás
con ese ejercicio durante todo el día.

Siéntate y dedica unos minutos a pensar en tu niñez
antes de que tuvieras dinero, poco o mucho. Al evocar
cada recuerdo de cuando alguien pagó dinero *por* ti,
pronuncia y siente la palabra mágica, *gracias,* con todas
las fuerzas de tu corazón por cada vez que eso ocurrió.

¿Tenías siempre comida en tu mesa?

¿Vivías en un hogar?

¿Recibiste una educación durante muchos años?

*¿Cómo ibas a la escuela cada día? ¿Tenías libros de texto,
almuerzo escolar y todo lo que necesitabas para la escuela?*

¿Viajaste alguna vez de vacaciones cuando eras niño?

¿Cuáles fueron los regalos de cumpleaños que más te emocionaron cuando eras niño?

¿Tenías una bicicleta, juguetes o una mascota?

¿Tenías ropa cuando crecías pronto de una talla a la siguiente?

¿Ibas al cine, jugabas deportes, aprendiste algún instrumento musical o practicaste algún hobby?

¿Ibas al médico y tomabas medicinas cuando no te sentías bien?

¿Ibas al dentista?

¿Tenías lo esencial para cada día, como un cepillo dientes, dentífrico, jabón y champú?

¿Viajabas en automóvil?

¿Veías televisión, hablabas por teléfono, había luz, electricidad y agua?

Todas estas cosas cuestan dinero y tú las tenías todas – ¡sin costo alguno! Al evocar los recuerdos de tu niñez y juventud te darás cuenta de cuántas cosas recibías que representaban dinero bien ganado. Agradece cada instancia y cada recuerdo porque cuando puedes sentirte sinceramente agradecido por el dinero que has recibido en el pasado, ¡tu dinero aumentará mágicamente en el futuro! Eso está garantizado por ley universal.

Para continuar con el ejercicio de dinero mágico, toma un billete de un dólar y ponle una pegatina con las siguientes palabras:

GRACIAS POR TODO EL DINERO QUE HE RECIBIDO DURANTE TODA MI VIDA.

Lleva ese dólar mágico contigo hoy en el bolsillo, en tu billetera o en tu cartera. Al menos una vez por la mañana y una vez por la tarde, o las veces que quieras, sácalo y sostenlo en tus manos. Lee las palabras que escribiste en la pegatina y agradece *verdaderamente* la abundancia de dinero que has recibido en tu vida. Mientras más sincero seas y más lo sientas, más pronto verás un cambio milagroso en tus circunstancias monetarias.

Nunca sabrás de antemano cómo va a aumentar tu dinero, pero probablemente veas muchas circunstancias cambiar para tener más dinero. Puedes encontrar dinero que no sabías que tenías, recibir inesperadamente cheques o efectivo, descuentos o reembolsos, rebajas de precio, o recibir todo tipo de cosas materiales que te habrían costado dinero.

A partir de hoy, pon tu dólar mágico en un sitio donde continúes viéndolo todos los días para recordarte que agradezcas la abundancia de dinero que se te ha dado, sin olvidar nunca que mientras más veces mires tu dólar mágico y agradezcas el dinero que se te ha dado, más magia atraerás. ¡Abundancia de gratitud por dinero equivale a abundancia de dinero!

Si te encuentras en una situación en la que estás a punto de quejarte de algo relacionado con dinero, sea en palabras o en tus pensamientos, pregúntate lo siguiente: "¿Estoy dispuesto a pagar el precio de esta queja?". Porque esa queja hará más lento o detendrá el fluir del dinero.

A partir de este día, prométete a ti mismo que cada vez que recibas dinero – ya sea por salario, reembolso o descuento, o algo que alguien te regale que cuesta dinero – lo agradecerás sinceramente. Cada una de estas circunstancias significa que has recibido dinero y te da la oportunidad de usar el poder mágico de la gratitud para aumentar y multiplicar tu dinero aún más ¡simplemente por agradecer el dinero que acabas de recibir!

Ejercicio mágico número 5

Dinero mágico

1. Repite los pasos uno al tres del ejercicio mágico número 1: Enumera tus bendiciones: Haz una lista de diez bendiciones. Escribe *por qué* estás agradecido. Relee tu lista y al final de cada bendición repite *gracias, gracias, gracias,* y siente la mayor gratitud posible por cada una.

2. Siéntate y dedica unos minutos a evocar tu niñez y todo lo que recibiste y te fue dado sin costo alguno.

3. Al evocar cada recuerdo de cuando alguien pagó dinero *por* ti, pronuncia y siente la palabra mágica, *gracias,* con todas las fuerzas de tu corazón por cada instancia en que eso ocurrió.

4. Toma un billete de un dólar o cualquier otro billete pequeño y ponle una pegatina con las siguientes palabras bien grandes y llamativas:

   GRACIAS POR TODO EL DINERO QUE HE RECIBIDO DURANTE TODA MI VIDA.

5. Lleva ese dólar mágico contigo hoy y, al menos una vez por la mañana y una vez por la tarde, o las veces que quieras, sácalo y sostenlo en tus manos. Lee las palabras que escribiste en la pegatina y agradece *sinceramente* la abundancia de dinero que has recibido.

6. A partir de hoy, coloca tu dólar mágico en un sitio donde continúes viéndolo todos los días para recordarte que seas agradecido por la abundancia de dinero que se te ha dado en la vida.

7. Antes de irte a dormir esta noche toma tu piedra mágica en la mano y repite la palabra mágica, *gracias,* por *lo mejor* que ocurrió durante el día.

Día 6
FUNCIONA COMO MAGIA

*"Si tomas cualquier actividad, cualquier arte,
cualquier disciplina, cualquier habilidad, y la
impulsas lo más lejos que pueda ir, más allá de
donde ha podido llegar antes, hasta el límite más
desenfrenado de todos los límites, entonces la estarás
obligando a entrar en el reino de lo mágico".*

TOM ROBBINS (N. 1936)
AUTOR

¿Cómo puede una persona que ha nacido en la
pobreza total, que comienza sin nada y con muy poca
educación, llegar a ser presidente o una celebridad,
o construir un imperio y convertirse en una de las
personas más adineradas del mundo? ¿Y cómo pueden
dos personas comenzar una misma carrera y una de
ellas lograr avanzar de un éxito a otro mayor mientras
que la otra trabaja hasta desplomarse con poco éxito
no importa cuánto se esfuerce? El eslabón perdido es
la gratitud, porque, según la ley de atracción, uno debe
estar agradecido por lo que tiene para atraer éxito.

De modo que, sin gratitud, es imposible tener éxito permanente.

Para tener éxito o aumentar las cosas buenas en tu trabajo o tarea, tales como oportunidades, ascensos, dinero, ideas brillantes, inspiraciones y apreciación, es esencial sentir gratitud por tu trabajo. Mientras más gratitud sientas, ¡más cosas tendrás por las que estar agradecido! Y ya es hora de que aceptes la idea de que para aumentar cualquier cosa tienes que agradecer lo que ya tienes.

*"A cualquiera que sienta **gratitud** (por su trabajo) se le dará más, y tendrá en abundancia. A cualquiera que no sienta **gratitud** (por su trabajo) aun lo que tiene le será quitado".*

Cuando sientes gratitud por tu trabajo, automáticamente aportarás más y cuando aportas más a tu trabajo, aumentas el dinero y el éxito que te regresa. Si no estás agradecido por tu trabajo, automáticamente aportas menos. Cuando das menos, disminuyes lo que te regresa, y en consecuencia nunca te sentirás feliz en tu trabajo, nunca aportarás más que lo tengas que dar, y tu trabajo o tarea se estancará y finalmente se deteriorará, lo cual podría significar que pierdas tu trabajo. Recuerda que a aquellos que no tengan gratitud, aun lo que tienen les será quitado.

La cantidad de tu gratitud es exactamente proporcional a lo que recibes a cambio. ¡*Tú* tienes el control de lo que recibes dependiendo de la gratitud que ofrezcas!

Si eres dueño de un negocio, el valor de tu negocio aumentará o disminuirá dependiendo de tu gratitud. Mientras más agradecido estés por tu negocio, por tus clientes y tus empleados, más crecerá y prosperará el negocio. Es cuando los dueños de negocios dejan de ser agradecidos y remplazan la gratitud por la preocupación que sus negocios descienden.

Si eres un padre o una madre y tu trabajo es cuidar a tus hijos y administrar tu hogar, busca cosas que agradecer en este momento de tu vida. Es casi siempre una oportunidad que se da una vez en la vida, y cuando puedes sentirte agradecido por ese tiempo, atraerás más apoyo, más ayuda, más momentos hermosos y más felicidad a tu experiencia.

Cualquiera que sea tu trabajo, debes disfrutarlo y sentirte entusiasmado por ir a trabajar cada día; nunca te transes por menos. Si no te sientes así acerca de tu trabajo actual o si no es el trabajo de tus sueños, lo primero que tienes que hacer para lograr el trabajo de tu sueños es agradecer el que tienes.

Imagina que tienes un jefe invisible cuya tarea es llevar un registro de tus pensamientos y sentimientos acerca de tu trabajo. Imagina que tu jefe te va a seguir adondequiera que vayas hoy, armado de una pluma y un cuaderno. Cada vez que encuentres algo en tu trabajo por lo cual estás agradecido, tu jefe va a tomar nota. Tu tarea es encontrar el mayor número de cosas por las que estás agradecido, de manera que al final del día tu jefe tenga una larga lista de todas tus gratitudes. Mientras más larga sea la lista, mayor será la magia que tu jefe invisible pueda aplicar a tu dinero, tu éxito en el trabajo, tus oportunidades, tu diversión y tu sentido de realización.

Piensa en todas las cosas que puedes agradecer en tu trabajo. ¡Empezando por el hecho de que tienes un trabajo! Piensa en la cantidad de personas desempleadas que darían *cualquier cosa* por tener un trabajo. Piensa en los equipos que usas para ahorrar tiempo, como el teléfono, las impresoras, el Internet y las computadoras. Piensa en tus compañeros de trabajo y tu amistad con ellos. Piensa en la gente que hace que tu trabajo sea más fácil, como las recepcionistas, los asistentes, los conserjes y los que realizan las entregas. Piensa en lo bien que te sientes cuando recibes tu salario y en los aspectos favoritos de tu trabajo.

Haz que tu jefe invisible tome nota cada vez que encuentres algo por lo que estar agradecido, diciéndole:

Estoy tan agradecido por _____ *¿qué?* _____ .

Mientras más agradecido te vea tu jefe, más pronto podrá empezar a aplicar la magia a tu trabajo y más magia se creará. Es posible que seas capaz de generar tanta gratitud por tu trabajo en un día que puedas ver tus circunstancias cambiar instantáneamente. Los momentos de suerte no ocurren accidentalmente. ¡Constituyen simplemente el poder mágico de la gratitud en acción!

Si este ejercicio acerca de lo que funciona como magia cae en un fin de semana o cuando no estés en el trabajo, posponlo para el siguiente día y entonces devuélvete y haz este ejercicio mágico el primer día de tu regreso al trabajo.

EJERCICIO MÁGICO NÚMERO 6

Funciona como magia

1. Repite los pasos uno al tres del ejercicio mágico número 1: Enumera tus bendiciones: Haz una lista de diez bendiciones. Escribe *por qué* estás agradecido. Relee tu lista y al final de cada bendición repite *gracias, gracias, gracias,* y siente la mayor gratitud posible por cada una.

2. Cuando estés en el trabajo hoy, imagina que tienes un jefe invisible siguiéndote a todos lados y tomando nota de cada vez que encuentres algo por lo que estás agradecido. Tu tarea hoy será encontrar el mayor número de cosas que agradecer.

3. Haz que tu jefe tome nota cada vez que encuentres algo por lo que estás agradecido, diciéndole: *Estoy tan agradecido por* ____¿qué?____, y siéntete lo más agradecido que puedas.

4. Antes de irte a dormir esta noche toma tu piedra mágica en la mano y repite la palabra mágica, *gracias,* por *lo mejor* que ocurrió durante el día.

Día 7
LA SALIDA MÁGICA DE LA NEGATIVIDAD

"Una persona agradecida es agradecida en toda circunstancia".

BAHÁ'U'LLÁH (1817–1892)
FUNDADOR PERSA DE LA FE BAHÁ'Í

Sea debido a una relación en crisis, presiones financieras, falta de salud o problemas en el trabajo, las situaciones negativas surgen por falta de gratitud durante un período largo de tiempo. Si no somos agradecidos por todo en nuestras vidas, estamos involuntariamente tomando esas cosas por seguras. Tomar cosas por seguras es una de las causas principales de la negatividad, porque cuando *tomamos* las cosas por seguras no estamos dando gracias por ellas y detenemos la magia que está ocurriendo en nuestra vida. Del mismo modo que expresar gratitud a los demás siempre mejorará nuestra vida mágicamente, así también el hecho de tomar las cosas por seguras siempre empeorará nuestras vidas.

¿Sientes gratitud por tu salud cuando es buena? ¿O solamente tienes conciencia de tu salud cuando tu cuerpo se enferma y te duele? ¿Sientes gratitud por tu trabajo todos los días, o sólo lo valoras cuando te enteras de que habrá una reducción de personal? ¿Sientes gratitud por tu salario cada vez que lo recibes, o tomas tu salario como algo seguro? ¿Sientes gratitud por tus seres queridos cuando todo marcha a la perfección, o sólo hablas de tus seres queridos cuando hay problemas? ¿Sientes gratitud cuando tu automóvil funciona bien, o solo piensas en él cuando se rompe?

¿Sientes gratitud por cada día que estás vivo, o tomas tu vida por segura?

Tomar las cosas por seguras conduce a quejas, palabras y pensamientos negativos. Es así que, según la ley de atracción, cuando te quejas, ¡debes traer más cosas a tu vida para quejarte de ellas!

Si te quejas del clima, el tráfico, tu jefe, tu cónyuge, tu familia, un amigo, un extraño, esperar en fila, cuentas por pagar, la economía, el costo de algo o el servicio de una compañía, no estás siendo agradecido y con cada queja estás alejando más la vida de tus sueños.

Ahora entiendes que las quejas, las palabras y pensamientos negativos, y tomar las cosas por seguras frenan las cosas buenas en tu vida. Ahora entiendes que cuando algo sale muy mal, involuntariamente no has sentido suficiente gratitud. Es imposible ser negativo cuando estás agradecido. Es imposible criticar y culpar cuando estás agradecido.

Es imposible sentirse triste o tener algún sentimiento negativo cuando estás agradecido. Y la mejor noticia es que si actualmente tienes alguna situación negativa en tu vida, no tomará mucho tiempo cambiarla mediante la gratitud. Las situaciones negativas desaparecerán en una nube de humo. ¡Como por arte de magia!

Primero, por difícil que pueda ser, tienes que buscar cosas que agradecer en la situación negativa. No importa cuán mala sea la situación, siempre puedes encontrar algo que agradecer, especialmente cuando sabes que tu gratitud transformará mágicamente cualquier circunstancia negativa. Walt Disney, que conocía bien la verdadera magia de la vida, nos enseñó cómo hacer esto en su película *Pollyanna.*

En *Pollyanna,* que Disney produjo en 1960, había un juego titulado "El juego alegre", que produjo un gran impacto en mí cuando era una niña. Jugué "El juego alegre" durante toda mi niñez y adolescencia. El juego consiste en que hay que buscar el mayor número de cosas por las que estar alegre, especialmente en una situación negativa. ¡Encontrar cosas por las que estar alegre (o encontrar cosas que agradecer) en una situación negativa hace que las soluciones aparezcan!

Walt Disney demostró el poder mágico de la gratitud en *Pollyanna,* y miles de años antes, Buda demostró la manera de usar ese mismo poder mágico cuando dijo:

*"Levantémonos y estemos agradecidos, porque si no
aprendimos mucho hoy, al menos aprendimos algo; y
si no aprendimos algo, al menos no nos enfermamos; y
si nos enfermamos, al menos no nos morimos. Así que
estemos todos agradecidos".*

GAUTAMA BUDA (563–483 AC)
FUNDADOR DEL BUDISMO

Deja que las palabras de Buda sean tu inspiración
y toma hoy el problema o situación negativa en tu
vida que más quieras resolver y busca diez cosas que
agradecer. Sé que puede ser un desafío comenzar este
ejercicio, pero Buda te está mostrando la manera de
hacerlo. Haz una lista de diez cosas en tu computadora
o en tu diario de gratitud.

Por ejemplo, tu problema puede ser que no tengas trabajo
y a pesar de tus mejores esfuerzos, continúas desempleado.
Para revertir esta situación tienes que realizar un ejercicio
concentrado de gratitud sobre la situación. He aquí
algunos ejemplos de lo que podrías decir:

1. *Estoy muy agradecido por haber pasado más tiempo con mi
    familia durante este período.*

2. *Estoy agradecido porque mi vida está en mucho mejor
    orden debido al tiempo libre que he tenido.*

3. *Estoy agradecido porque he tenido trabajo la mayor parte
    de mi vida y soy una persona con experiencia.*

4. *Estoy verdaderamente agradecido porque esta es la primera
    vez que he estado desempleado.*

5. *Estoy agradecido porque existen empleos y cada día aparecen más empleos nuevos.*

6. *Estoy agradecido por todas las cosas que he aprendido solicitando empleos y teniendo entrevistas.*

7. *Estoy agradecido porque tengo salud y puedo trabajar.*

8. *Estoy agradecido por el ánimo y apoyo que recibo de mi familia.*

9. *Estoy agradecido por el descanso que he tenido, porque lo necesitaba.*

10. *Estoy agradecido porque por haber perdido mi trabajo he podido apreciar cuánto significa para mí tener trabajo. Nunca me había dado cuenta de esto hasta ahora.*

Como resultado de la gratitud, los desempleados atraerán diferentes circunstancias y su situación actual deberá cambiar mágicamente. El poder de la gratitud supera cualquier situación negativa y existen ilimitadas maneras en que la situación negativa puede cambiar. ¡Lo único que hay que hacer es practicar la gratitud para ver cómo ocurre la magia!

Tomemos otro ejemplo; el de un hijo que tiene una relación problemática con su padre. El hijo siente que no importa lo que haga, nada parece ser suficientemente bueno para su padre.

1. *Estoy agradecido de que la mayoría de las relaciones en mi vida son muy buenas.*

2. *Le estoy agradecido a mi padre por trabajar tan duro para que yo pueda tener la educación que él no tuvo la oportunidad de tener.*

3. *Le estoy agradecido a mi padre por mantener a nuestra familia durante mi niñez, porque en ese entonces no tenía idea de la cantidad de trabajo y dinero que se necesitaba para que mi familia pudiera continuar.*

4. *Le estoy agradecido a mi padre por llevarme a jugar baloncesto los sábados cuando yo era niño.*

5. *Estoy agradecido porque hoy en día mi padre no es tan duro conmigo como lo era antes.*

6. *Estoy agradecido porque mi padre me quiere mucho, pues no sería tan duro conmigo si no me quisiera tanto.*

7. *Estoy agradecido porque a través de mi relación con mi padre he aprendido a sentir compasión y entender mucho mejor a mis hijos.*

8. *Le estoy agradecido a mi padre por mostrarme cuán importante es dar ánimo cuando se crían hijos felices y confiados.*

9. *Me siento verdaderamente agradecido cuando tengo la oportunidad de reírme con mi padre. Algunas personas nunca lograron hacerlo porque no tenían padre. Y aquellos que han perdido a sus padres nunca volverán a tener la oportunidad de reírse con ellos.*

10. *Estoy tan verdaderamente agradecido porque tengo a mi padre, porque en medio de tiempos difíciles también ha habido momentos buenos y habrá oportunidad de disfrutar de más momentos buenos con mi padre en el futuro.*

Como resultado de los sinceros sentimientos de gratitud del hijo por su padre, él mejorará la relación. El hijo cambió su manera de pensar y sentir acerca de su padre, lo cual inmediatamente cambia lo que él atrae de su padre. A pesar de que el hijo estaba sintiendo gratitud por su padre mentalmente, a un nivel energético y cuántico la gratitud del hijo tendrá un efecto mágico en su relación con el padre. En tanto él mantenga su gratitud, por la ley de atracción el hijo debe vivir muchas circunstancias mejores con su padre y la relación entre ambos debe comenzar a mejorar inmediatamente.

Recuerda que puedes saber si tu gratitud está funcionando por la manera en que te sientes. Deberás sentirte mucho mejor acerca de la situación después de ejercer gratitud. La primera evidencia de que el poder mágico de la gratitud está funcionando es que tus sentimientos se elevan de manera que cuando te sientes mejor acerca de la situación, entiendes que la situación mejorará y las soluciones aparecerán. La respuesta a cualquier situación negativa que quieras resolver es concentrar tu gratitud en ella hasta que te sientas bien por dentro; entonces verás la magia hacer su maravilla en el mundo exterior.

Al hacer tu lista, asegúrate de incluir cada una de las diez cosas por las que estás agradecido de la siguiente manera:

Estoy tan agradecido por _____.
o *Estoy verdaderamente agradecido por* _____.

Termina la oración con aquello por lo que estás agradecido. Puedes también usar la manera en que Walt Disney utilizó el poder mágico de la gratitud si sientes que te es más fácil:

Estoy tan alegre porque _____.

Termina la oración con aquello por lo que te sientas alegre.

Una vez que hayas completado la lista de diez cosas por las que estás agradecido, termina el ejercicio de "La salida mágica de la negatividad" escribiendo lo siguiente:

Gracias, gracias, gracias por la perfecta resolución.

Y solo durante el día de hoy, trata de ver si puedes completar el día sin decir algo negativo. Puede que sea un desafío, pero trata de lograrlo durante *un* día. Existe una razón importante para hacer esto, porque la mayoría de nosotros no tiene idea de lo mucho que hablamos negativamente, pero tendrás una idea después de vigilar tus palabras durante un día. Recuerda que la negatividad y las quejas traen más de esas mismas cosas y si estás consciente de lo que estás diciendo, eso quiere decir que puedes detenerte y decidir si deseas sufrir las consecuencias de lo que estás a punto de decir. Aquí tienes una frase mágica que puedes utilizar cuando notes que estás pensando o diciendo algo negativo. Detente inmediatamente y di lo siguiente:

Pero debo decir que estoy realmente agradecido por _____.

Termina el resto de la oración con algo – cualquier cosa – por lo que estés agradecido. Lleva esta frase contigo y agárrala y úsala cada vez que la necesites.

Y si cualquier pequeño problema o situación se presenta en el futuro, recuerda que con gratitud puedes apagar esas brasas antes de que crezcan y se conviertan en fuego. ¡Al mismo tiempo prenderás la magia en tu vida!

EJERCICIO MÁGICO NÚMERO 7

La salida mágica de la negatividad

1. Enumera tus bendiciones: Haz una lista de diez bendiciones. Escribe *por qué* estás agradecido. Relee tu lista y al final de cada bendición repite *gracias, gracias, gracias,* y siente la mayor gratitud posible por esa bendición.

2. Escoge el problema o situación negativa en tu vida que más desees resolver.

3. Haz una lista de **diez** cosas que agradecer acerca de la situación negativa.

4. Al final de la lista escribe: *Gracias, gracias, gracias, por la perfecta resolución.*

5. Solo por el día de hoy trata de ver si puedes completar el día sin decir algo negativo. Si notas que estás pensando o diciendo algo negativo, usa la frase mágica. Detente inmediatamente y di: *Pero debo decir que estoy realmente agradecido por* _____.

6. Antes de irte a dormir esta noche toma tu piedra mágica en la mano y di la palabra mágica, *gracias,* por *lo mejor* que ocurrió durante el día.

Día 8
EL INGREDIENTE MÁGICO

"Un corazón agradecido está en continua fiesta".

W. J. CAMERON (1879–1953)
PERIODISTA Y HOMBRE DE NEGOCIOS

Dar gracias por los alimentos antes de comer es una tradición de miles de años, desde la época de los antiguos egipcios. Con la rapidez con que se vive en el siglo veintiuno, sin embargo, tomar tiempo para dar gracias por una cena es algo que con mayor frecuencia ha quedado atrás. Sin embargo, ¡utilizar el simple acto de comer y beber como una oportunidad para estar agradecido aumentará exponencialmente la magia en tu vida!

Si piensas en alguna ocasión en que estabas realmente hambriento, recordarás que no podías pensar o funcionar normalmente, tu cuerpo se sentía débil, puede que hayas incluso comenzado a temblar, tu mente se tornó confusa y tus sentimientos se desplomaron. ¡Todo esto puede suceder después de

87

unas pocas horas sin comer! Necesitas alimentos para vivir, pensar y sentirte bien, así que hay *mucho* que agradecer por los alimentos.

Para sentirte aun más agradecido por los alimentos, piensa por un momento en todas las personas que han contribuido para que tengas suficiente que comer. Para que comas frutas y vegetales frescos, los agricultores tuvieron que sembrar y cultivar las frutas y vegetales regándolos con agua, protegiéndolos durante muchos meses hasta que estuvieron listos para cosecharlos. Entonces vinieron los recogedores, empacadores, distribuidores, y la gente del transporte que atraviesa distancias enormes día y noche, todas estas personas trabajan juntas en perfecta armonía para asegurarse de que cada fruta y vegetal te llegue fresco y que esté disponible todo el año.

Piensa en los agricultores especializados en carne, los pescadores, los que procesan la leche, el café, el té y todas las compañías empacadoras de alimentos que trabajan incesantemente para producir el alimento que consumimos. La producción mundial de alimentos es un proceso impresionante que tiene lugar cada día y resulta increíble que todo esto funcione, sobre todo si te detienes a pensar en la cantidad de personas involucradas en mantener el abastecimiento mundial de alimentos y bebidas a tiendas, restaurantes, supermercados, cafeterías, aerolíneas, escuelas, hospitales y cada hogar en el planeta.

¡Los alimentos son un regalo! Un regalo de la naturaleza, porque no habría nada que comer para ninguno de nosotros si la naturaleza no lo suministrara utilizando el terreno, los nutrientes y el agua para cultivar alimentos. Sin agua, no habría alimentos, vegetación, animales o vida humana. Utilizamos agua para cocinar nuestra comida, cultivar los alimentos, mantener nuestros jardines, suplir nuestros baños, sostener cada vehículo que se mueve, apoyar nuestros hospitales, las industrias de petróleo, minería y manufactura, hacer posible el transporte, construir nuestras carreteras, fabricar nuestra ropa y cada producto y aparato de consumo en el planeta, fabricar vasos plásticos y de metal, elaborar medicinas para salvar vidas y construir nuestras casas y cualquier otro edificio y estructura. ¡Agua, agua, agua, en toda su gloria!

> *"Si hay magia en este planeta, está contenida en el agua".*
>
> LOREN EISELEY (1907–1977)
> ANTROPÓLOGO Y AUTOR SOBRE CIENCIA NATURAL

¿Dónde estaríamos sin alimento y agua? Simplemente, no estaríamos aquí. Tampoco estarían aquí nuestros familiares y amigos. No tendríamos este día o el día de mañana. Pero aquí estamos, juntos en este hermoso planeta, viviendo la vida con todos sus desafíos y euforias, ¡gracias a los regalos de la naturaleza por el *alimento* y el *agua*! Decir la simple palabra mágica, *gracias,* antes de comer o beber cualquier cosa es un acto de reconocimiento y gratitud por el milagro del alimento y el agua.

Lo increíble es que estar agradecido por el alimento y el agua no solo afecta tu vida; tu gratitud también tiene un impacto sobre el abastecimiento mundial. Si un número suficiente de personas sintiera gratitud por los alimentos y el agua, esto ayudaría a las personas que están pasando hambre y que están en gran necesidad. Según la ley de atracción, y la ley de Newton de atracción y reacción, el acto de gratitud masiva debe producir una reacción igualmente masiva, la cual cambiaría las circunstancias de escasez de alimento y agua para cada persona en el planeta.

Además, tu gratitud por los alimentos y el agua mantiene la magia activa en *tu* vida y entrelaza su hebra dorada en todo lo que te sea querido, en todo lo que amas, en todos tus sueños.

En los tiempos antiguos la gente creía que cuando bendecían sus alimentos y agua con gratitud purificaban todo lo que bendecían, y cuando uno lee sobre las teorías y descubrimientos que la física cuántica ha hecho recientemente, tales como el efecto-observador, esos antecesores pueden haber estado en lo cierto. El efecto-observador en física cuántica se refiere a las alteraciones que el acto de observar producen en el objeto observado. Imagina si la concentración de gratitud en tus alimentos y bebidas alteraran su estructura energética y los purificara de tal modo que todo lo que consumieras tuviera el efecto óptimo de bienestar en tu cuerpo.

Una de las formas de experimentar la magia de la gratitud instantáneamente en los alimentos y las bebidas es realmente saborear lo que estás comiendo y bebiendo. Cuando saboreas los alimentos o las bebidas las estás apreciando o agradeciendo. A manera de experimento, la próxima vez que estés comiendo o bebiendo cualquier líquido, cuando ingieras un bocado, concéntrate en el sabor del alimento que tienes en la boca o saborea el líquido antes de tragar. Verás que cuando te concentras en los alimentos y la bebida que tienes en la boca y los saboreas, tendrás la sensación de que los sabores explotan. Pero cuando no te concentras los sabores se debilitan drásticamente. ¡Es la energía de tu concentración y la gratitud lo que instantáneamente acentúa el sabor!

Antes de comer o beber algo hoy, sea porque estás a punto de cenar o comer fruta o merendar o beber cualquier cosa, incluyendo agua, detente un momento a mirar lo que estás a punto de comer o beber y mentalmente o en voz alta di la palabra mágica: *¡gracias!* Y, si puedes, toma un bocado y saboréalo realmente. No solo aumentará tu placer, sino que te ayudará a sentir mucha más gratitud.

También puedes intentar algo que suelo hacer yo, lo cual me ayuda a sentir mayor gratitud aún. Cuando digo la palabra mágica, muevo los dedos sobre los alimentos o la bebida como si estuviera salpicándolos con un polvo mágico, que, en mi imaginación, purifica instantáneamente todo lo que toca. Esto me ha ayudado a sentir realmente que la gratitud es el ingrediente mágico, ¡y quiero añadirlo a todo lo que como y bebo! Si lo consideras más efectivo, puedes imaginar que tienes en la mano una especie de salero conteniendo polvo mágico y que le estás echando polvo mágico a todos tus alimentos y bebidas antes de consumirlos.

Si en cualquier momento del día olvidas decir la palabra mágica, *gracias,* antes de comer o beber algo, en cuanto te acuerdes, cierra los ojos, devuélvete en tu mente al momento en que se te olvidó, visualízate en tu mente uno o dos segundos antes de comer o beber, y di la palabra mágica. Si olvidas agradecer los alimentos y las bebidas varias veces al día, entonces repite este mismo ejercicio mañana. No puedes gastarte el lujo de perder un solo día en la formación de tu gratitud. ¡Tus sueños dependen de ello!

Estar agradecido por las cosas simples de la vida, como los alimentos y el agua, es una de las más profundas expresiones de gratitud, y cuando seas capaz de sentir ese nivel de gratitud, verás la magia en acción.

Ejercicio mágico número 8

El ingrediente mágico

1. Enumera tus bendiciones: Haz una lista de diez bendiciones. Escribe *por qué* estás agradecido. Relee tu lista y al final de cada bendición repite *gracias, gracias, gracias,* y siente la mayor gratitud posible por esa bendición.

2. Antes de comer o beber algo hoy, detente un instante a mirar lo que estás a punto de comer o beber y mentalmente o en voz alta di la palabra mágica: *¡gracias!* Si lo deseas, puedes salpicar tus alimentos o bebida con polvo mágico.

3. Antes de irte a dormir esta noche toma tu piedra mágica en la mano y di la palabra mágica, *gracias,* por *lo mejor* que ocurrió durante el día.

Día 9
EL MAGNETISMO DEL DINERO

"Es sólo con gratitud que la vida se enriquece".

DIETRICH BONHOEFFER (1906–1945)
PASTOR LUTERANO

La gratitud es riqueza y la queja es pobreza; es la regla de oro de toda tu vida, en tu salud, tu trabajo, tus relaciones y tu dinero. Mientras más agradecido puedes estar por el dinero que tienes, aunque no tengas mucho, más riquezas recibirás. Y mientras más te quejes acerca del dinero, más pobre te volverás.

El ejercicio mágico de hoy convierte una de las mayores razones por las que la gente se queja en un acto de gratitud, con lo cual adquiere el doble de poder para cambiar las circunstancias en torno a tu dinero. Estarás remplazando una queja, que te hace más pobre, con gratitud, que mágicamente te trae más riqueza.

La mayoría de la gente no piensa que se queja acerca del dinero, pero cuando el dinero escasea en su vida, se queja sin darse cuenta. Las quejas surgen en la mente al igual que en las palabras y la mayoría de la gente no está consciente de los muchos pensamientos que ocupan su mente. Cualquier queja – negativa, de envidia, preocupaciones o palabras – acerca del dinero crea literalmente pobreza. Y desde luego las mayores quejas se producen cuando hay que usar el dinero para hacer pagos.

Si no tienes suficiente dinero, pagar tus cuentas puede convertirse en una de las tareas más difíciles. Puede parecer que hay más cuentas que dinero con qué pagarlas. Pero si te quejas de tus cuentas, lo que estás haciendo es quejarte acerca del dinero, y las quejas te mantienen en la pobreza.

Si no tienes suficiente dinero, lo último que harías, en circunstancias normales, es estar agradecido por tus cuentas. Pero de hecho eso es exactamente lo que *tienes* que hacer para recibir más dinero en tu vida. Para tener una vida de riqueza debes estar agradecido por todo lo que tenga que ver con el dinero, y sentir rabia acerca de tus cuentas no es estar agradecido. Tienes que hacer exactamente lo contrario, estar *agradecido* por los bienes o servicios que has *recibido* por los que te han enviado cuentas. Es algo tan simple pero que tendría un efecto monumental en torno al dinero en tu vida. ¡Te convertirías literalmente en un imán para el dinero!

Para estar agradecido por una cuenta piensa en lo mucho que te beneficiaste con los productos o servicios facturados. Si es un pago por alquiler o hipoteca, agradece que tienes una casa en donde vivir. Imagina que la única manera en que puedas vivir en una casa sea ahorrando la cantidad total del dinero y pagándola en efectivo. Imagina que no existiera el concepto de las instituciones de préstamos o lugares de alquiler. La mayoría de nosotros viviría en la calle. De modo que agradece que existen instituciones de préstamos o dueños de viviendas para alquilar porque han hecho posible que tú vivas en una casa o un apartamento.

Si estás pagando la cuenta del gas o de la electricidad piensa en la calefacción o el aire acondicionado que recibiste, las duchas calientes y cada aparato eléctrico que pudiste utilizar por ese servicio. Si estás pagando el teléfono o la cuenta del Internet, imagina lo difícil que sería tu vida si tuvieras que viajar distancias enormes para hablar personalmente con cada individuo. Piensa en las muchas veces que has podido llamar a familiares y amigos, enviar y recibir correos electrónicos, o acceder instantáneamente información por Internet gracias al proveedor de ese servicio. Todos estos extraordinarios servicios están a tu alcance, así que agradécelos y agradece también el hecho de que esas compañías confían en ti y proveen sus servicios *antes* de que los hayas pagado.

Desde que descubrí el poder fenomenal de la gratitud escribo la palabra mágica, *"Gracias – pagado"*, en cada cuenta que pago y nunca lo dejo de hacer ni una sola vez. Al principio, cuando no tenía dinero para pagar una cuenta, usaba igual el poder mágico de la gratitud y escribía en la cuenta: *"Gracias por el dinero"*. Entonces cuando tenía el dinero para pagarla, añadía: *"Gracias – pagado"*.

Hoy tú vas a hacer lo mismo. Toma cualquier cuenta por pagar que tengas y utiliza el poder mágico de la gratitud escribiendo en ella: *"Gracias por el dinero"*, y siente gratitud por tener el dinero para pagarla, aunque no lo tengas. Si recibes y pagas la mayoría de tus cuentas por Internet, cuando recibas la cuenta reenvíatela a ti mismo por correo electrónico y escribe en el espacio para el asunto, en letras mayúsculas y en negrita: **GRACIAS POR EL DINERO.**

Luego busca diez cuentas que hayas pagado y escribe en cada una las palabras mágicas: *"Gracias – pagado"*. Al escribir en cada cuenta, siéntete lo más agradecido posible por tener el dinero para pagarla. Mientras mayor sea la gratitud que puedas sentir por las cuentas que has pagado, ¡mayor será la cantidad de dinero que atraerás mágicamente como un imán!

A partir de ese momento, podrás hacer que esta sea tu rutina cada vez que pagues una cuenta: Piensa brevemente en el gran servicio que recibiste y escribe en cada cuenta las palabras mágicas: *"Gracias – pagado"*. Y si no tienes dinero para pagar una cuenta, usa el poder mágico de la gratitud y escribe: *"Gracias por el dinero"*, ¡y siéntete como si estuvieras dando las gracias porque *tienes* el dinero para pagar la cuenta!

Sentir gratitud por el dinero que has pagado garantiza que recibirás más. La gratitud es como una hebra dorada magnética pegada a tu dinero, de manera que cuando le pagas a alguien, el dinero siempre te regresa, a veces en igual cantidad, a veces diez veces más, y a veces cien veces más. La abundancia de lo que recibes de vuelta no depende de cuánto dinero das. Puede ocurrir que sientas tanta gratitud cuando pagas una cuenta de cincuenta dólares que podrías llegar a recibir de vuelta cientos de dólares.

Ejercicio mágico número 9

El magnetismo del dinero

1. Enumera tus bendiciones: Haz una lista de diez bendiciones. Escribe *por qué* estás agradecido. Relee tu lista y al final de cada bendición repite *gracias, gracias, gracias,* y siente la mayor gratitud posible por esa bendición.

2. Toma algunas cuentas pendientes de pagar que tengas, utiliza el poder mágico de la gratitud y escribe en el frente de cada una: *Gracias por el dinero.* Siente gratitud por tener el dinero para pagar cada cuenta, aunque no lo tengas.

3. Toma **diez** cuentas que ya hayas pagado y escribe en el frente de cada una las mágicas palabras: *"Gracias – pagado".* ¡Siéntete verdaderamente agradecido de que tuviste dinero para pagar cada cuenta!

4. Antes de irte a dormir esta noche toma tu piedra mágica en la mano y repite la palabra mágica, *gracias,* por *lo mejor* que ocurrió durante el día.

Día 10
POLVO MÁGICO A TODOS

"Ningún deber es más urgente que dar las gracias".

SAN AMBROSIO (340–397 AD)
TEÓLOGO Y OBISPO CATÓLICO

Las antiguas enseñanzas espirituales dicen que lo que damos a otra persona con un corazón pleno nos regresa multiplicado por cien. De modo que estar agradecido y decir *gracias* a una persona por cualquier cosa que se recibe de ella ¡no es solo urgente sino vital para mejorar *tu* vida!

La gratitud es una energía poderosa y cualquiera que sea la persona a quien va dirigida la energía de tu gratitud es la persona que recibirá esa energía. Si piensas en la energía de la gratitud como algo semejante a un resplandeciente polvo mágico, entonces cuando expresas gratitud a alguien por algo que has recibido ¡estás literalmente salpicando a esa persona con ese polvo mágico! La poderosa energía positiva contenida en el polvo mágico alcanza y afecta a todo el que salpiques.

La mayoría de nosotros tiene contacto con mucha gente todos los días, sea por teléfono, por correo electrónico, o cara a cara en el trabajo, en tiendas, restaurantes, elevadores, autobuses o trenes, y en muchos casos las personas con las que hacemos contacto merecen nuestra gratitud porque estamos recibiendo algo de ellas.

Piensa en las personas que encuentras en un día típico que te proveen algún tipo de servicio, como las que trabajan en tiendas y restaurantes, conductores de autobuses o taxis, encargados de servicios a clientes, empleados de limpieza o el personal de tu centro de trabajo. Las personas que trabajan en tareas de servicio se *ofrecen a sí mismos* para servirte, y tú estás *recibiendo* sus servicios. Si no das las gracias, no estás siendo agradecido y estás impidiendo que entre el bien a tu vida.

Piensa en los trabajadores de mantenimiento encargados de que nuestros sistemas de transporte funcionen con seguridad y en quienes mantienen el servicio de electricidad, gas, agua, calles y carreteras.

Piensa en los trabajadores de limpieza que limpian nuestras calles, baños públicos, trenes, autobuses, aviones, hospitales, restaurantes, supermercados y edificios de oficinas. No puedes darles las *gracias* personalmente a todos ellos, pero puedes salpicarlos con polvo mágico dándoles las *gracias* la próxima vez que les pases por el lado. Y puedes estar agradecido la próxima vez que te sientes frente a tu escritorio limpio, o camines en una acera limpia, o cruces un piso con brillo.

Cuando estés en un café o restaurante, salpica polvo mágico dándole *gracias* a cada persona en el momento en que te sirva. Sea cuando limpie la mesa, te ofrezca el menú, tome tu orden, te llene el vaso con agua, te sirva el plato que ordenaste, te retire el servicio, te entregue la cuenta o te dé el cambio, recuerda dar las *gracias* cada una de las veces. Si estás en una tienda o frente a la cajera del supermercado, salpica polvo mágico y dale *gracias* a la persona que te sirve o empaca tus compras.

Si viajas por avión, salpica polvo mágico dándole *gracias* a los empleados que procesan tu boleto, los de seguridad, la persona que revisa tus documentos al embarcar y a la tripulación que te da la bienvenida al entrar al avión. Durante el viaje, da *gracias* a la tripulación cada vez que te brinda un servicio. Servirte bebidas y comida o retirar tu plato es parte del servicio. La aerolínea te da gracias por volar con ellos, el capitán te da gracias, y la tripulación también te da gracias, así que haz tú lo mismo y dales gracias al desembarcar. Y cada vez que el avión despegue y aterrice en el lugar de destino di *gracias,* ¡porque el hecho de que puedas volar es un absoluto milagro!

Sé agradecido con esas personas que te ayudan en tu trabajo; personal de oficina, recepcionistas, los de la cafetería, los que limpian, los encargados del servicio a clientes o cualquiera de tus colegas en el trabajo.

¡Salpícalos a todos con polvo mágico en señal de *gracias!* Todos están prestándote un servicio y merecen tu continua gratitud.

Los asistentes en las tiendas, los camareros y las camareras trabajan muy duro para prestar un servicio. Han escogido un trabajo en que sirven a los demás y servir al público significa lidiar con toda clase de personas en una variedad de estados de ánimo, incluyendo a los malagradecidos. La próxima vez que una persona te preste un servicio, recuerda que esa persona es una hija o un hijo querido por sus padres, un hermano o hermana irremplazable para sus hermanos, una madre o un padre de familia con hijos, o un adorable compañero o compañera de alguien y merecen tu bondad y paciencia.

En ocasiones encontrarás a una persona en una posición de servicio que te trata mal o no te presta la atención que piensas que mereces. Puede ser un desafío mayor ser agradecido en tales circunstancias, pero tu gratitud no puede depender de la conducta de otra persona. ¡Escoge ser agradecido sin que nada más importe! ¡Escoge la magia en tu vida sin que nada más importe! Podría ayudarte recordar que tú no conoces las dificultades que está atravesando alguien en el momento en que entras en contacto con él o ella. A lo mejor se siente mal o ha perdido a algún ser querido, su matrimonio puede haber terminado, o puede sentirse desesperado en un momento difícil de su vida. Tu gratitud y bondad pueden ser la cosa más mágica que les suceda ese día.

"Sé bondadoso, pues cada persona con la que te encuentres está librando una dura batalla".

FILÓN DE ALEJANDRÍA (CIRCA 20 AC–50 AD)
FILÓSOFO

Si por teléfono le das gracias a alguien por su ayuda, no lances simplemente las *gracias*; di *por qué* estás agradecido. Por ejemplo, "Gracias por su ayuda". "Gracias por esforzarse para ayudarme". "Gracias por darme tanto tiempo". "Gracias por resolverme esta situación, le estoy muy agradecido". Te sorprenderás de la reacción de cada persona por algo tan simple, porque sentirá tu sinceridad.

Cuando le das *gracias* a alguien en persona, míralo a la cara. No sentirán tu gratitud ni recibirán tu polvo mágico a menos que los mires directamente. Si das *gracias* al aire o las gracias mirando hacia abajo o las gracias mientras hablas por teléfono habrás desperdiciado una oportunidad de ayudar a esa persona a cambiar su vida, porque no eres realmente sincero cuando haces eso.

Hace un par de años fui a una tienda a comprarle un regalo a mi hermana. La empleada que me atendió escuchó lo que estaba buscando y se dio a la tarea de encontrar el regalo perfecto, ¡como si se tratara de *su* propia hermana! En el momento de entregarme la bolsa con el regalo perfecto envuelto en un papel bellísimo, recibí una llamada en mi celular. Cuando terminé la llamada estaba llegando a la entrada principal de la tienda y de pronto me sobrecogió una perturbadora inquietud. Regresé inmediatamente y encontré a la empleada que me había ayudado. No solo le di gracias sino que le dije todas las *razones* por las que estaba agradecida y cuánto apreciaba todo lo que había hecho por mí. ¡La salpiqué con el polvo mágico de la gratitud! Sus ojos se llenaron de lágrimas y una enorme sonrisa le ocupó el rostro.

Cada acción tiene siempre una reacción equivalente. Si realmente eres genuino cuando das *gracias,* la otra persona lo sentirá igual y no solamente habrás logrado que también se sienta realmente bien, sino que tu gratitud te colmará *a ti* de una alegría indescifrable.

Yo no solo uso el polvo mágico en las personas que prestan un servicio; lo uso en todo tipo de situación. Cuando me despido de mi hija cuando regresa a su casa en su automóvil, siento gratitud porque llegó bien, y muevo los dedos en el aire imaginando que la estoy salpicando a ella y su automóvil con polvo mágico. A veces salpico polvo mágico sobre mi computadora antes de comenzar un nuevo proyecto, o salpico polvo mágico delante de mí antes de entrar en una tienda en busca de algo en particular que necesito. Mi hija usa el polvo mágico cuando está conduciendo y si ve a otra persona que parece estar tensa conduciendo a alta velocidad, salpica polvo mágico sobre ella para ayudarla a sentirse mejor y resguardarla.

Hoy lleva contigo polvo mágico de gratitud para las personas que trabajan prestando servicios y aprovecha cada oportunidad que puedas para salpicar polvo mágico sobre cualquiera y darle *gracias.* Dale gracias

por lo menos a diez personas que realizan trabajos de
los que te beneficiaste hoy. No importa si no tienes la
oportunidad de hacerlo en persona; puedes reconocer
mentalmente a aquellos cuyos servicios te beneficiaron.
El polvo mágico les llegará de todas maneras. Como
ejemplo, repite mentalmente lo siguiente:

*Estoy realmente agradecido de los que trabajan temprano por
la mañana en tareas de limpieza, asegurándose de que las
calles estén limpias de basura cada día. Nunca he pensado
realmente en lo agradecido que me siento por ese servicio que
se realiza puntualmente día tras día. Gracias.*

Asegúrate de llevar la cuenta de las personas en
trabajos de servicios a quienes agradeces a fin de saber
cuándo le has dado las gracias a diez personas por
sus servicios y las hayas salpicado con polvo mágico.
Si imaginas el resplandeciente polvo mágico cayendo
encima de la gente cuando les das las gracias, tendrás
un cuadro de lo que realmente ocurre en el mundo
invisible con el poder de la gratitud. Esta imagen
te ayudará a creer y saber que el polvo mágico de la
gratitud realmente llega a las personas y que estará
disponible para ayudarlos a mejorar sus vidas. Y cada
vez que salpiques polvo mágico sobre alguien, este
polvo regresará a tu propia vida.

Si estás en casa hoy, siéntate con una pluma y un
cuaderno o frente a tu computadora y piensa en
aquellas instancias en que alguna persona se esforzó
por servirte. Puede haber sido alguien por teléfono o
acaso algún comerciante resuelto a resolverte algún
problema. Tal vez recibiste un gran servicio de tu

cartero, el basurero, el reciclador, o un empleado de una tienda local. Haz una lista de diez instancias en que personas dedicadas al servicio te ayudaron y envíales polvo mágico dándoles las *gracias* a cada una.

Recordatorio mágico

Lee hoy el ejercicio de mañana porque el ejercicio del día 11 comienza en el momento en que te despiertes.

Ejercicio mágico número 10

Polvo mágico a todos

1. Enumera tus bendiciones: Haz una lista de diez bendiciones. Escribe *por qué* estás agradecido. Relee tu lista y al final de cada bendición repite *gracias, gracias, gracias,* y siente la mayor gratitud posible por esa bendición.

2. Hoy, salpica polvo mágico sobre **diez** personas que realicen servicios que te beneficien, dales *gracias* en forma directa o mental, y reconócelos dándoles gracias. ¡Siéntete agradecido por ellos y por el servicio que prestan!

3. Antes de irte a dormir esta noche toma tu piedra mágica en la mano y di la palabra mágica, *gracias,* por *lo mejor* que ocurrió durante el día.

4. Lee hoy el ejercicio de mañana, porque el ejercicio del día 11 comienza en el momento en que te despiertes.

Día 11
UNA MAÑANA MÁGICA

*"Cuando te levantes por la mañana piensa en qué
gran privilegio es estar vivo, pensar, disfrutar, amar".*

MARCO AURELIO (121–180)
EMPERADOR ROMANO

La manera más fácil y más simple de asegurarte
de que el día que tienes delante estará lleno de *magia*
es llenar tu *mañana* de gratitud. Cuando incorporas
gratitud a tu rutina matinal, sentirás y verás sus
mágicos beneficios todo el día.

Cada mañana está llena de oportunidades para dar
gracias, lo cual ni te atrasa ni te toma más tiempo
porque lo puedes hacer de manera natural según
avanzas en todas tus tareas. Hay una recompensa
adicional por llenar tu mañana de gratitud porque
tus rutinas diarias son los momentos en que más
daño puedes hacerte pensando cosas negativas sin
darte cuenta de que lo estás haciendo. No hay espacio
para pensamientos negativos cuando tu mente está

concentrada buscando cosas que agradecer. Después de hacer esto comenzarás tu día sintiéndote mucho más feliz y más confiado de que el día que tienes por delante será fenomenal, ¡y es en ese momento que verás la magia ocurriendo delante de tus propios ojos!

Hoy, cuando te despiertes en tu nuevo día y antes siquiera de moverte, antes de hacer nada, di la palabra mágica: *gracias.* Da *gracias* por el hecho de estar vivo y que has recibido un día más de vida. Tu vida es un regalo, cada día es un regalo y cuando lo piensas bien, es inconcebible que ninguno de nosotros se despierte por la mañana sin dar gracias por un día más. Si piensas que un nuevo día no es algo muy importante, ¡simplemente trata de saltarlo! No importa cuán soñoliento estés o si tu despertador te despertó para ir al trabajo, o si has dormido todo el fin de semana; desde el momento en que te despiertas, di la palabra mágica, *gracias,* por un día más de vida.

Da *gracias* por haber dormido bien. ¿Eres lo suficientemente afortunado de haber dormido en una cama, con sábanas y una almohada? *¡Gracias!* En el momento en que tus pies pisan el suelo di *gracias.* ¿Tienes un baño? *¡Gracias!* Puedes abrir los grifos e inmediatamente recibir agua fresca y limpia cada mañana? *¡Gracias!* Imagina todas las personas que realizaron excavaciones y colocaron tuberías a través del país, en toda tu ciudad y a lo largo de las calles hasta llegar a tu casa a fin de que pudieras abrir un grifo y recibir agua bella, limpia, caliente. *¡Gracias!* Al tomar en tus manos tu cepillo de dientes y tu dentífrico,

¡gracias! Sin ellos, tu día no empezaría de una manera tan agradable. *Gracias* por las toallas, el jabón, el espejo y todo lo que usas en el baño que te hace sentir fresco, despierto y listo para empezar el día.

Al vestirte, piensa en lo afortunado que eres por tener ropa para escoger y usar. *¡Gracias!* Piensa en la cantidad de personas que deben de haber participado en la confección de las distintas piezas de ropa que te pones y vistes en un día cualquiera. Es probable que la ropa que vistes cada día venga de muchos países a través del planeta. *¡Gracias a todas esas personas!* ¿Tienes zapatos? ¡Qué dichoso eres! Imagina la vida sin ellos. *¡Gracias por los zapatos!*

> *"Siempre me he deleitado ante la perspectiva de un nuevo día, un día fresco, un comienzo más con tal vez un poco de magia esperándome en algún sitio detrás de la mañana".*

J. B. PRIESTLEY (1894–1984)
AUTOR Y DRAMATURGO

Haz que el día de hoy sea lo mejor posible concentrando tu gratitud y poniéndole magia a la rutina de tu nueva mañana. Desde el momento en que abras los ojos hasta que te hayas puesto los zapatos y hayas terminado de alistarte, di la palabra mágica, *gracias,* mentalmente por todo lo que toques y uses. No importa si no te duchas o te vistes a primera hora de la mañana, aún puedes utilizar este ejercicio de la mañana mágica como guía y aplicarla a cualquiera que sea tu rutina matinal. Si te despiertas y desayunas primero, entonces al tocar y utilizar cada cosa para prepararte el desayuno, di la palabra mágica: *gracias.* Da gracias por tu café, té, jugo de frutas o desayuno que te hacen disfrutar tanto las mañanas y te dan la energía para el resto del día. Agradece los utensilios de cocina que usas para el desayuno: el refrigerador, los platos, el horno, la tostadora, la cafetera o el sartén.

Cada día sin excepción digo *gracias* al poner los pies en el piso. Al caminar hacia el baño repito la palabra mágica, *gracias,* mentalmente con cada paso que doy. Entonces sigo diciendo *gracias* mentalmente cuando toco cada cosa en el baño. Cuando he terminado de vestirme y estoy lista para el día, me siento tan feliz que podría dar saltos de alegría. Y al sentirme tan feliz, sé que mi gratitud ha funcionado y que tengo garantizado un día mágico. Según avanza el día, me siento realmente como si tuviera un poder mágico, porque me ocurren cosas buenas, una tras otra. Y con cada cosa buena que sucede me siento aún más agradecida, lo cual acelera la magia y más cosas buenas ocurren. ¿Recuerdas esos días en que todo parece que va a ir bien? Pues es así como me siento después de practicar mi mañana mágica, ¡pero multiplicado!

EJERCICIO MÁGICO NÚMERO II

Una mañana mágica

1. Cuando te despiertes por la mañana, antes de hacer nada, di la palabra mágica: *gracias.*

2. Desde el momento en que abres los ojos hasta que hayas terminado de alistarte, mentalmente di la palabra mágica, *gracias,* por todo lo que toques y uses.

3. Enumera tus bendiciones: Haz una lista de diez bendiciones. Escribe *por qué* estás agradecido. Relee tu lista y al final de cada bendición repite *gracias, gracias, gracias,* y siente la mayor gratitud posible por esa bendición.

4. Antes de irte a dormir esta noche toma tu piedra mágica en la mano y di la palabra mágica, *gracias,* por *lo mejor* que ocurrió durante el día.

Día 12
GENTE MÁGICA QUE PROVOCA CAMBIO

"A veces nuestra propia luz se apaga y la chispa de otra persona la revive. Cada uno de nosotros tiene razones para pensar con profunda gratitud en aquellos que han prendido la llama dentro de nosotros".

ALBERT SCHWEITZER (1875–1965)
MISIONERO MÉDICO Y FILÓSOFO
GANADOR DEL PREMIO NOBEL

Cada uno de nosotros ha recibido ayuda, apoyo o guía de otras personas cuando más lo ha necesitado en determinados períodos de la vida. A veces otra persona altera el curso de nuestra vida dándonos ánimo, orientación o simplemente estando accesible en un momento crucial. Entonces la vida sigue y tenemos la tendencia a olvidar esos momentos en que una persona hizo contacto con nosotros o nos cambió la vida. A veces ni siquiera nos damos cuenta del impacto que ha tenido una persona hasta pasado el tiempo, cuando miramos atrás hacia el transcurso de nuestras vidas y nos percatamos de que una persona en particular resultó determinante en un cambio mágico positivo en la dirección que tomamos.

La persona puede haber sido un maestro o entrenador, un tío o una tía, un hermano o una hermana, un abuelo o una abuela o cualquier miembro de la familia. Puede haber sido un médico, una enfermera o tu mejor amigo o amiga. Puede haber sido la persona que te presentó a tu compañera o te introdujo a un interés particular que se convirtió en una de tus grandes pasiones. Tal vez fue alguien que ni siquiera conocías y que apareció en tu vida muy brevemente y realizó un acto de bondad que te conmovió profundamente.

Mi abuela me regaló el amor por los libros, por cocinar y disfrutar de la vida en el campo. Al compartir conmigo su amor por estas cosas, todas me afectaron y alteraron el transcurso de mi vida. Cocinar se convirtió en una de mis pasiones durante más de veinte años, mi amor por los libros finalmente me condujo a convertirme en una escritora, y mi amor por la vida en el campo ha tenido una influencia sobre el lugar donde he vivido a lo largo de mi vida.

Mi abuela también me disciplinó con puño de acero a siempre dar *gracias*. En aquella época pensé simplemente que me estaba enseñando reglas de cortesía. No fue hasta más tarde en mi vida que me di cuenta de que enseñarme a decir la palabra mágica fue el mejor regalo que me hizo mi abuela. Ya ella no está viva, pero yo continúo agradeciéndole la enorme influencia que tuvo en mi vida. *¡Gracias, Abuela!*

Hoy vas a pensar en las personas mágicas que han hecho un impacto en tu vida. Busca un lugar tranquilo donde puedas estar solo, siéntate y piensa en tres personas extraordinarias que hayan provocado un cambio en tu vida. Una vez que tengas tus tres personas, trabaja sobre una persona a la vez y háblale en voz alta a cada una como si estuviera presente y dile las razones *por las que* les estás agradecido y cómo afectaron el transcurso de tu vida.

Asegúrate de hacer este ejercicio mágico con las tres personas en una sola sesión, porque transportará tu sentimiento de gratitud a un nivel mucho más profundo. Si divides este ejercicio mágico a lo largo del día, no sentirás la gratitud al mismo nivel de profundidad ni recibirás los resultados mágicos.

Aquí tienes un ejemplo de lo que podrías decir:

Sara, quiero darte las gracias por la vez que me alentaste a seguir el instinto de mi corazón. Estaba perdido y confundido ese día, y tus palabras me conmovieron y me sacaron de mi desesperación. Por lo que me dijiste, encontré el valor para perseguir mi sueño y me mudé a Francia para trabajar como aprendiz de chef. Estoy viviendo mi sueño y no podría ser más feliz. Todo por aquello que me dijiste aquel día. ¡Gracias, Sara!

Es muy importante que digas las razones por las que estás agradecido. Y lo que digas nunca será demasiado. Al contrario, mientras más hables y más sientas, más impresionantes serán los resultados. Verás la magia estallar y entrar en tu vida por hacer este ejercicio; está entre los actos de gratitud más poderosos que jamás puedas realizar.

Si no estás en posición de hablar en voz alta, puedes entonces escribir las palabras dirigidas a cada persona y dirigirte a ella como si le estuvieras escribiendo una carta.

Cuando hayas completado este ejercicio, sentirás una diferencia enorme en como te sientes. La evidencia del poder de la gratitud en acción es que, lo primero y más importante, ¡te hace *feliz*! La segunda evidencia del poder de la gratitud es que atrae cosas maravillosas. Y como si todo eso fuera poco, la felicidad que sientes después de practicar la gratitud también atrae más cosas maravillosas, lo cual te hará aun más feliz. ¡Esa es la magia de la vida y ese es el poder mágico de la gratitud!

EJERCICIO MÁGICO NÚMERO 12

Gente mágica que provoca cambio

1. Enumera tus bendiciones: Haz una lista de diez bendiciones. Escribe *por qué* estás agradecido. Relee tu lista y al final de cada bendición repite *gracias, gracias, gracias,* y siente la mayor gratitud posible por esa bendición.

2. Busca un lugar donde puedas estar tranquilo y en algún momento del día en que te encuentres a solas, haz una lista de **tres** personas que han provocado un cambio en tu vida.

3. Ve persona por persona en la lista y mientras le hables en voz alta a cada una dile las razones por las que estás agradecido y exactamente cómo afectó el transcurso de tu vida.

4. Antes de irte a dormir esta noche toma tu piedra mágica en la mano y di la palabra mágica, *gracias,* por *lo mejor* que ocurrió durante el día.

Día 13

HAZ REALIDAD TODOS TUS DESEOS

"La imaginación es la verdadera alfombra mágica".

NORMAN VINCENT PEALE (1898–1993)
AUTOR

Si has estado siguiendo los ejercicios mágicos diariamente, has creado un maravilloso fundamento practicando gratitud por todo lo que has recibido y continúas recibiendo en la vida. Pero hoy es un día lleno de emoción, ¡porque vas a comenzar a utilizar el poder mágico de la gratitud para tus sueños y deseos!

Hay centenares de culturas nativas a través de los siglos que, tradicionalmente, han dado gracias por las cosas que desean *antes* de recibirlas. Creaban elaboradas ceremonias para poner la mayor cantidad de energía posible en el acto de dar gracias. Los egipcios han celebrado las inundaciones del Río Nilo desde épocas antiguas para garantizar la corriente continua de agua en el río; los indios americanos y los aborígenes australianos realizan danzas de lluvia; algunas tribus africanas realizan ceremonias por los alimentos antes de salir a cazarlos. La verdadera naturaleza de la oración en cada cultura y religión es dar gracias *antes* de recibir lo que se desea.

La ley de atracción dice que los semejantes se atraen mutuamente, lo cual significa que debes dar forma en tu mente a una semejanza, o una imagen, de lo que tú deseas. Entonces, para atraer tu deseo hacia ti, tienes que sentirlo como si fuera tuyo, de tal modo que lo que sientas sea también *semejante* a cómo te sentirías cuando tengas lo que deseas. La forma más fácil de hacer esto es dando gracias por lo que deseas... *antes* de recibirlo. Si nunca antes se te ocurrió utilizar la gratitud para recibir lo que deseas, ahora has descubierto otro de sus poderes mágicos. Las propias palabras de las Santas Escrituras prometen exactamente que:

"A cualquiera que tiene **gratitud** *(ahora) se le dará más (en el futuro), y tendrá abundancia".*

La gratitud es algo que debes tener *antes* de poder recibir, no simplemente *después* de que algo bueno ha ocurrido. La mayoría de la gente se siente agradecida después de recibir algo bueno, pero a fin de realizar todos tus deseos y cambiar toda tu vida llenándola de riquezas en todas las áreas debes estar agradecido antes *y* después.

Mediante el acto de agradecer sinceramente tu deseo *por adelantado* creas inmediatamente una imagen en tu mente de que ya lo tienes, te sientes como si lo tuvieras

y estás cumpliendo con tu parte. Si te aferras a esa
imagen y sentimiento, mágicamente recibirás tu deseo.
No sabrás cómo lo recibirás y no es tu tarea averiguarlo.
Tú no te das a la tarea de averiguar cómo la gravedad
te va a mantener sobre la tierra cuando sales a caminar,
¿verdad? Confías y sabes que cuando sales a caminar,
la ley de gravedad te mantendrá firmemente sobre
la tierra. De igual manera, debes confiar y saber que
cuando estás agradecido por lo que deseas, lo que
deseas se moverá hacia ti mágicamente porque esa
es la ley del Universo.

¿Qué es lo que más deseas en este momento?

Al principio de este libro te pedí que tuvieras verdadera
claridad respecto a lo que deseas en cada área de tu
vida (si no hiciste esto antes, ahora es el momento de
hacerlo). Regresa ahora a las listas que creaste y escoge
tus diez primeros deseos para este ejercicio mágico.
Puedes seleccionar diez deseos de diferentes áreas de
tu vida, tales como dinero, salud, hogar y relaciones,
o puedes escoger diez deseos en un área que quieras
realmente cambiar, como el trabajo o el éxito. Sé bien
claro y específico sobre lo que más deseas de manera
que puedas ver los cambios ocurrir mágicamente
como resultado de este ejercicio. Imagina que estás
colocando una orden mágica en el Universo por tus
diez principales deseos, porque en realidad, utilizando
la ley de atracción, eso es exactamente lo que estás
haciendo.

Siéntate frente a una computadora o con pluma y cuaderno y crea una lista aparte de la de los diez deseos principales de la siguiente manera, *como si ya los hubieras recibido:*

Gracias, gracias, gracias por _____, y llenas entonces el espacio en blanco con tu deseo como si ya lo hubieras recibido. Por ejemplo:

Gracias, gracias, gracias por las altas notas que recibí en mis exámenes, ¡las cuales me permitieron matricular exactamente en la universidad que quería!

¡Gracias, gracias, gracias por la gran noticia de que vamos a tener un bebé!

Gracias, gracias, gracias por la casa de nuestros sueños, ¡que tiene todo lo que queríamos hasta el último detalle!

Gracias, gracias, gracias por la increíble conversación telefónica con mi padre, ¡ha mejorado nuestra relación!

¡Gracias, gracias, gracias por los resultados médicos que muestran que todo está bien y que estoy saludable otra vez!

Gracias, gracias, gracias por el dinero inesperado que recibí, ¡es exactamente la que necesitaba para mi viaje a Europa!

¡Gracias, gracias, gracias, por haber duplicado las cifras de ventas este mes!

¡Gracias, gracias, gracias por las ideas que atrajeron a nuestro cliente más importante!

¡Gracias, gracias, gracias porque tengo una compañera o compañero tan perfecto!

¡Gracias, gracias, gracias porque nuestra mudanza fue fácil y sin complicaciones!

Escribir *gracias* tres veces consecutivas es algo poderoso porque impide que lances palabras al viento y aumenta la concentración de tu gratitud. Decir *gracias* tres veces es también una fórmula mágica, porque es el número matemático de toda nueva creación en el Universo. Por ejemplo, se necesita un hombre y una mujer para crear un bebé. El hombre, la mujer y el bebé suman tres que completan la creación. Esa misma regla de tres se aplica a la creación de todo en el Universo, incluyendo la creación de tus deseos, de manera que cuando dices *gracias* tres veces consecutivas ¡estás usando el número mágico de la creación y una fórmula mágica secreta!

El segundo paso para hacer realidad todos tus deseos incluye saturar esos deseos con más gratitud aún. Puedes completar el segundo paso en cualquier momento del día de hoy, cuando hagas la lista de tus diez deseos principales o intermitentemente a lo largo del día.

Para saturar cada uno de tus deseos con el poder mágico de la gratitud, comienza con el primer deseo en tu lista y, usando tu imaginación, responde mentalmente las siguientes preguntas como si ya hubieras recibido el deseo:

1.   ¿Qué emociones sentiste cuando recibiste tu deseo?

2.   ¿Quién fue la primera persona a la que dijiste que habías recibido tu deseo y cómo se lo dijiste?

3.   ¿Cuál fue la primera gran cosa que hiciste cuando recibiste tu deseo? Incluye mentalmente la mayor cantidad de detalles posibles.

Finalmente, relee cada deseo y realmente enfatiza la palabra mágica, *gracias,* para sentirla lo más que puedas.

Pasa al segundo deseo en tu lista y sigue los mismos pasos hasta que hayas completado los diez deseos. Dedícale por lo menos un minuto a cada deseo.

Si quieres hacer algo que sea realmente poderoso y muy divertido, puedes también crear una pizarra mágica, donde puedas pegar fotos de tus deseos. Recorta las fotos y pégalas a la pizarra que colocarías en un lugar donde la veas con frecuencia. Coloca las palabras mágicas **GRACIAS, GRACIAS, GRACIAS** en letras grandes y negritas en tu pizarra mágica. O puedes utilizar tu refrigerador como tu pizarra mágica. Si tienes una familia, puedes crear una pizarra mágica como un proyecto familiar; ¡a los niños les encanta! Imagina que tu pizarra mágica es realmente mágica y que cualquier deseo cuya foto coloques en ella instantáneamente se acerca a ti. Tu continua gratitud por ella la atraerá como un imán hacia tu vida.

EJERCICIO MÁGICO NÚMERO 13

Haz realidad todos tus deseos

1. Enumera tus bendiciones: Haz una lista de diez bendiciones. Escribe *por qué* estás agradecido. Relee tu lista y al final de cada bendición repite *gracias, gracias, gracias,* y siente la mayor gratitud posible por esa bendición.

2. Siéntate frente a una computadora o con una pluma y cuaderno y haz una lista de tus **diez** principales deseos. Escribe *gracias* tres veces antes de cada uno *como si ya lo hubieras recibido.* Por ejemplo: *Gracias, gracias, gracias por* ____*tu deseo*____.

3. Usando tu imaginación, responde mentalmente las siguientes preguntas como si ya hubieras recibido cada uno de tus diez deseos:

    1. ¿Qué emociones sentiste cuando recibiste tu deseo?

    2. ¿Quién fue la primera persona a la que dijiste que habías recibido tu deseo y cómo se lo dijiste?

    3. ¿Cuál fue la primera gran cosa que hiciste cuando recibiste tu deseo? Incluye mentalmente la mayor cantidad de detalles posibles.

4. Finalmente, relee la oración que incluye tu deseo y enfatiza realmente la palabra mágica, *gracias,* a fin de sentirla lo más que puedas.

5. Si quieres, crea una pizarra mágica. Recorta fotos y pégalas a tu pizarra mágica y pon la pizarra en un sitio donde la veas con frecuencia. Titula la pizarra **GRACIAS, GRACIAS, GRACIAS,** en letras grandes y negritas en la parte superior de la pizarra.

6. Antes de irte a dormir esta noche toma tu piedra mágica en la mano y di la palabra mágica, *gracias,* por *lo mejor* que ocurrió durante el día.

Día 14
QUE TENGAS UN DÍA MÁGICO

"Las intenciones comprimidas en palabras envuelven un poder mágico".

DEEPAK CHOPRA (N. 1946)
MÉDICO Y AUTOR

Para ver y experimentar el día más mágico de tu vida ¡puedes estar agradecido todo el día *antes* de vivirlo! Simplemente piensa: "Quiero tener un día mágico" en tus planes para el día, y di la palabra mágica, *gracias,* por cada cosa que te vaya bien, *antes* de que ocurra. Es lo más fácil que hay y sólo toma unos minutos, pero el cambio que puede producir en tu vida es increíble. Estar agradecido por tu día por adelantado crea un día mágico mediante la ley de atracción; cuando *das* las gracias por las experiencias que van bien en tu día, ¡debes igualmente *recibir* de vuelta experiencias que vayan bien!

Si no crees que tienes el poder de afectar las circunstancias de tu día de manera tan drástica, piensa

133

en alguna vez en que te despertaste gruñón o de mal humor. Saliste hacia tu día y, una tras otra, las cosas te salieron mal, hasta que al final del día andabas quejándote de que habías tenido un mal día, como si el mal día hubiera ocurrido accidentalmente. Pues, la única razón por la que tuviste un mal día fue porque te llevaste contigo el mal humor de por la mañana y fue ese mal humor lo que causó que todo te saliera mal.

Ni siquiera fue un accidente el haberte despertado de mal humor porque significa que te dormiste pensando negativamente, tal vez sin darte cuenta. Es exactamente la razón por la que haces el ejercicio de la piedra mágica al final de la noche, para asegurar que duermas lleno de buenos pensamientos. El ejercicio de la piedra mágica por la noche, combinado con el de enumerar tus bendiciones cada mañana, crea un buen estado de ánimo por la noche y por la mañana y garantiza que te sientas bien *antes* de que salgas a cumplir con tu día.

Para tener un día mágico necesitas sentirte bien. No conozco nada, aparte de la gratitud, que sea capaz de garantizarte un buen estado de ánimo casi instantáneamente.

Cualesquiera que sean tus planes para el día de hoy – irte de viaje, asistir a una reunión, realizar un proyecto de trabajo, almorzar, ir al gimnasio, llevar ropa sucia a la tintorería, jugar algún deporte, ir al teatro, encontrarte con un amigo, practicar yoga, limpiar la casa, ir a la escuela o al supermercado a comprar víveres – haz que tu día se vuelva mágico diciendo la palabra mágica, *gracias,* por cada plan que te salga bien ¡*antes* de que ocurra! Si eres una persona que hace listas diarias de todo lo que necesita hacer, entonces podrás avanzar en tu lista y agradecer cada cosa que te salga bien. No importa si realizas este ejercicio mágico mentalmente o por escrito, lo más importante es que sientas que cada plan o actividad resultó *lo mejor* que pudo haber sido.

Cuando usas la gratitud por adelantado para tener un día mágico, se borran las dificultades o problemas inesperados antes de que ocurran. Mientras más usas este ejercicio mágico, mejores serán tus días y, desde lo más pequeño hasta lo más importante, todo comenzará a irte bien en la vida. Los días de tropiezos se nivelan y en lugar de que ocurran cosas frustrantes o problemáticas, tus días comenzarán a tener una fluidez mágica y parecerá que las cosas saldrán a tu manera por arte de magia, con menos esfuerzo, sin preocupaciones ni estrés y con mucha más alegría.

Cuando comencé por primera vez a utilizar la gratitud para tener un día mágico, decidí dar gracias por adelantado por aquellas actividades de mi día que no disfrutaba mucho. Una de esas actividades era ir al supermercado. Al comienzo del día dije las palabras mágicas: "Gracias por el viaje fácil y alegre al supermercado". No tenía idea cómo un viaje al supermercado podía ser fácil y alegre, pero sentí la mayor gratitud posible por ese resultado.

El resultado del poder mágico de la gratitud fue que conseguí un espacio para estacionar junto a la puerta. Entonces me encontré con dos amigas. A una de ellas no la había visto en mucho tiempo y almorzamos juntos después de las compras. La otra me contó de un increíble persona que limpia casas a un precio razonable, lo cual era también algo que había estado soñando con encontrar. Haciendo mis compras, dondequiera que miraba, lo que necesitaba estaba ahí, frente a mis ojos; había de todo en los anaqueles y cada producto estaba en venta especial. Al llegar a la caja después de terminar mis compras en tiempo récord, una nueva cajera abrió otra línea y me hizo señas para atenderme. Al pasar mis compras por la registradora, inesperadamente preguntó: "¿Necesitas baterías?". ¡Era el único producto que había olvidado comprar! Mi viaje al supermercado fue más que fácil y alegre; ¡fue sencillamente mágico!

Solamente se requieren unos pocos minutos cada mañana para usar la gratitud y tener un día mágico agradeciendo por adelantado las actividades de tu día, pero ese ejercicio es capaz de cambiar la manera en que se desarrolla tu día.

Para tener un día mágico, cuando te despiertes en un nuevo día, antes de levantarte de la cama o mientras te estés duchando o vistiéndote, piensa en los planes para el día y da gracias porque cada uno va a resultar brillantemente bien. Asegúrate de hacer el ejercicio mágico al comienzo de tu día en una sesión. Mentalmente revisa los planes que tienes para la mañana, la tarde y la noche, hasta la hora de dormir. Con cada plan o actividad, di la palabra mágica e imagina que estás diciendo *gracias* al final del día y estás inmensamente agradecido porque todo te fue brillantemente bien.

Puedes utilizar cuantos superlativos quieras para ayudarte a sentir más agradecido. "*Gracias* por la reunión tan increíblemente exitosa". "*Gracias* por el asombroso resultado de la llamada telefónica". "*Gracias* por uno de los mejores días de mi vida en el trabajo". "*Gracias* por ese juego emocionante". "*Gracias* por este divertido y relajado día de limpieza". "*Gracias* por la magnífica noche de fiesta con nuestros amigos". "*Gracias* por este día de viaje relajado". "*Gracias* por la increíble energía de mi sesión de ejercicios". "*Gracias* por la mejor reunión familiar que hemos tenido".

Este ejercicio mágico sería más poderoso si pudieras decir la palabra mágica, *gracias,* en voz alta por cada experiencia, pero si no estás en posición de decirla en voz alta entonces está bien que la digas mentalmente.

Después que termines de utilizar el poder mágico de la gratitud por cada tarea y actividad de tu día, termina el ejercicio diciendo: "¡Y gracias por la gran noticia que me va a llegar hoy!". Invariablemente, cada mañana, cuando termino de practicar la gratitud por tener un día mágico, doy gracias por la gran noticia que me va a llegar ese día. El resultado es que nunca he recibido tantas buenas noticias en toda mi vida. Semana tras semana, día tras día, ¡noticias fenomenales continúan llegando! Cada vez que recibo otra gran noticia me siento especialmente agradecida y emocionada porque sé que utilicé el poder mágico de la gratitud para atraerla y aún más noticias buenas me siguen llegando. Si quieres recibir más noticias fenomenales que nunca, entonces sigue mis pasos.

Ejercicio mágico número 14

Que tengas un día mágico

1. Enumera tus bendiciones: Haz una lista de diez bendiciones. Escribe *por qué* estás agradecido. Relee tu lista y al final de cada bendición repite *gracias, gracias, gracias,* y siente la mayor gratitud posible por esa bendición.

2. Por la mañana, revisa mentalmente los planes que tienes para el día y la tarde, hasta la hora de dormir. Con cada plan o actividad, di la palabra mágica, *gracias,* porque todo haya salido bien. Imagina que estás diciendo *gracias* al final del día y que te sientes inmensamente agradecido porque todo salió a la perfección.

3. Después de terminar sintiéndote agradecido por todos los planes del día que salieron brillantemente bien, termina este ejercicio mágico diciendo: *¡Y gracias por las noticias fenomenales que me van a llegar hoy!*

4. Antes de irte a dormir esta noche toma tu piedra mágica en la mano y di la palabra mágica, *gracias,* por *lo mejor* que ocurrió durante el día.

Día 15

REPARA MÁGICAMENTE TUS RELACIONES

Si tienes una relación difícil o que haya terminado, estás sufriendo porque tienes el corazón hecho pedazos, le guardas rencor a alguien o lo culpas por algo, puedes cambiar esa situación a través de la gratitud. La gratitud mejorará mágicamente cualquier relación difícil con un marido o una esposa, un hermano o una hermana, un hijo o una hija, un socio, un jefe, un cliente, un compañero de trabajo, una suegra o un suegro, una madre o un padre, un amigo o un vecino.

Cuando nos enfrentamos a una relación difícil o a una situación desafiante en una relación, en casi ningún caso nos sentimos agradecidos por esa otra persona. Más bien estamos atareados culpando a esa persona por los problemas que hemos tenido con ella, lo cual quiere decir que no sentimos ni un ápice de gratitud. Culpar a alguien nunca va a mejorar una relación ni va a mejorar tu vida. Es más, mientras más culpes a la otra persona, peor se pone la relación y tu vida también.

Sea una relación actual o del pasado, si guardas malos sentimientos hacia esa persona, la gratitud eliminará esos sentimientos. ¿Por qué no eliminar tus malos sentimientos hacia alguien?

> *"Aferrarse a la ira es como agarrar un carbón encendido con la intención de lanzárselo a alguien; tú eres el que te quemas".*
>
> GAUTAMA BUDA (CIRCA 563 AC–483 AC)
> FUNDADOR DEL BUDISMO

Los malos sentimientos hacia otra persona queman *tu* vida, ¡pero la gratitud los elimina!

Por ejemplo, si tienes una ex compañera vinculada a ti a través de tus hijos y la relación no es buena, mírale la cara a tus hijos y date cuenta de que ellos no estarían vivos si no hubiera sido por tu ex compañera. La vida de tus hijos es uno de los regalos más preciados que tienes. ¡Mira a tus hijos y dale gracias a tu ex compañera por sus vidas todos los días! A la vez que traes paz y armonía a la relación, tu ejemplo le estará enseñando a tus hijos la herramienta más fenomenal para sus vidas: la gratitud.

O, si estás sufriendo por una decepción amorosa o por el final de una relación, puedes utilizar el poder mágico de la gratitud para transformar tu dolor. La gratitud convierte mágicamente el dolor emocional en felicidad y lo sana más rápidamente que ningún otro remedio y la historia de mis padres es un perfecto ejemplo de eso.

Mi madre y mi padre se enamoraron prácticamente a primera vista. Desde el momento en que se conocieron se sintieron mutuamente agradecidos y tuvieron el matrimonio más bello que he visto jamás.

Cuando mi padre murió, mi madre desde luego sufrió un dolor muy grande. Tras meses de sufrimiento, comenzó a utilizar el poder mágico de la gratitud y, a pesar de su inmenso dolor y pena, buscó cosas que agradecer. Comenzó con el pasado y recordó los maravillosos momentos de felicidad que había disfrutado durante décadas con mi padre. Entonces dio el próximo gran paso y buscó cosas que agradecer en el futuro. Y, una a una, las fue encontrando. Encontró o recordó cosas que siempre había querido hacer pero no había tenido el tiempo de hacer cuando mi padre estaba vivo. Y con ese valiente paso de gratitud, las oportunidades para realizar sus sueños comenzaron a llegar y su vida se llenó una vez más de felicidad. El poder mágico de la gratitud le dio a mi madre una nueva vida.

Para el ejercicio mágico de hoy vas a buscar un carbón encendido que esté quemándote la vida para literalmente ¡convertirlo en oro a través de la gratitud! Escoge una relación difícil, problemática o terminada que quieras mejorar. No importa si esa persona es actualmente parte de tu vida o si se trata de una relación pasada y la persona ya no forma parte de tu vida.

Siéntate y haz una lista de diez cosas que agradecer a la persona que has escogido. Haz memoria, revisa la historia de la relación y haz una lista de las magníficas cualidades de esa persona o de las magníficas cosas que recibiste de esa relación. La manera más fácil de hacer esto es recordar y pensar cómo eran las cosas *antes* de que la relación se deteriorara o terminara. Y si la relación nunca fue buena, entonces piensa más profundamente acerca de las buenas cualidades de esa persona.

Este ejercicio mágico no es sobre quién tiene la razón o no. No importa lo que sientas que alguien te haya hecho, ni importa lo que alguien te haya dicho o haya dejado de hacer. *Tú* puedes mágicamente sanar la relación y no necesitas a la otra persona para hacerlo.

Hay oro en toda relación, aun en las difíciles, y para enriquecer todas tus relaciones y tu vida, tienes que encontrar ese oro. Cuando excaves y encuentres una pepita de oro, anótalo, dirígete a la persona por nombre y expresa tu frase en gratitud:

_____*Nombre*_____, *estoy agradecido por* _____*¿qué?*_____.

1. *Pablo, te agradezco nuestro tiempo juntos. Aunque nuestro matrimonio terminó, aprendí mucho, hoy día soy mucho más sabia y utilizo lo que aprendí de nuestro matrimonio en muchas de mis relaciones actuales.*

2. *Pablo, te agradezco todo lo que hiciste para tratar de que nuestro matrimonio funcionara, porque diez años de matrimonio significan que sí lo intentaste.*

3. *Pablo, te agradezco por nuestros hijos. La alegría que recibo de ellos todos los días no pudieron haber existido sin ti.*

4. *Pablo, te agradezco el trabajo duro y las largas horas que trabajaste para mantener a nuestra familia mientras yo estaba en casa cuidando a los niños. Fue una gran responsabilidad tenernos a todos nosotros dependiendo de ti, así que gracias.*

5. *Pablo, te agradezco los preciados momentos que tuve con nuestros hijos cuando estaban creciendo. Logré verlos hablar y caminar por primera vez y sé que tú no tuviste esa oportunidad.*

6. *Pablo, agradezco tu apoyo cuando tuve una época difícil de pérdida y duelo.*

7. *Pablo, te agradezco las veces que estuve enferma e hiciste lo mejor que pudiste para cuidarme a mí y a los niños.*

8. *Pablo, te agradezco los tiempos buenos que pasamos, que fueron muchos.*

9. *Pablo, te agradezco que quieras continuar siendo un padre para nuestros hijos.*

10. *Pablo, agradezco tu apoyo y el tiempo que deseas pasar con nuestros hijos. Sé que ellos significan tanto para ti como para mí.*

Cuando hayas terminado tu propia lista de diez cosas por las que te sientes agradecido, debes sentirte mucho mejor acerca de la persona y de la relación.

El punto final al que quieres llegar es no tener malos sentimientos hacia la persona, porque es *tu propia vida* la que se daña con esos sentimientos. Cada relación es diferente y, si fuera necesario, puedes escoger repetir este ejercicio mágico durante varios días hasta que ya no tengas malos sentimientos hacia la persona.

Si estás utilizando el poder mágico de la gratitud para mejorar una relación actual, verás que la relación comienza a cambiar milagrosamente ante tus ojos. Solo hace falta una persona para cambiar mágicamente una relación a través de la gratitud, pero es la persona que usa la gratitud la que recibe los beneficios durante toda su vida.

Si escoges una relación anterior con la que ya no tienes contacto, sentirás que te llena una paz y una felicidad y al mismo tiempo verás como otras relaciones actuales en tu vida mejoran de forma mágica.

En el futuro si una relación se vuelve desafiante, acuérdate de utilizar este ejercicio mágico inmediatamente. Detendrás las dificultades antes de que se hagan mayores ¡y aumentarás en cambio la magia en tu relación!

Ejercicio mágico número 15

Repara mágicamente tus relaciones

1. Enumera tus bendiciones: Haz una lista de diez bendiciones. Escribe *por qué* estás agradecido. Relee tu lista y al final de cada bendición repite *gracias, gracias, gracias,* y siente la mayor gratitud posible por esa bendición.

2. Escoge **una** relación difícil, problemática o que haya terminado y que quieras mejorar.

3. Siéntate y haz una lista de diez cosas que agradecer a la persona que has escogido. Escríbelo de la siguiente manera:

    _____*Nombre*_____, estoy agradecido por _____*¿qué?*_____.

4. Antes de irte a dormir esta noche toma tu piedra mágica en la mano y di la palabra mágica, *gracias,* por *lo mejor* que ocurrió durante el día.

Día 16
MAGIA Y MILAGROS EN LA SALUD

"Los milagros no son contrarios a la naturaleza; sólo contrarios a lo que sabemos acerca de la naturaleza".

SAN AGUSTÍN (354–430)
TEÓLOGO Y OBISPO CATÓLICO

Debemos sentirnos saludables, energizados y llenos de felicidad la mayor parte del tiempo, porque así es como ejercemos nuestro derecho a una salud plena. La realidad, sin embargo, es que mucha gente no se siente así a menudo o tal vez nunca. Muchas personas están lidiando con enfermedades, problemas con el funcionamiento de sus cuerpos o sufriendo períodos de depresión y otros problemas mentales, todos estados de salud que no son buenos.

La gratitud es una de las maneras más rápidas de comenzar a hacerte sentir mágicamente la salud plena que tu cuerpo y mente deben tener. Todos los milagros de curación que vemos no son más que la restauración instantánea de salud plena en un cuerpo en que antes sólo había una salud menos que plena y perfecta. Si no crees que la gratitud pueda generar milagros en tu salud y en tu cuerpo, entonces lee algunos de los miles de casos milagrosos en el sitio web de El secreto: www.thesecret.tv/stories.

El poder mágico de la gratitud *aumenta* la corriente natural de la salud hacia la mente y el cuerpo y ayuda al cuerpo a curarse más rápidamente, según han demostrado numerosos estudios. El poder mágico de la gratitud funciona de la mano del cuidado del cuerpo, la nutrición y cualquier otra asistencia médica que puedes haber escogido.

Cuando tu cuerpo sufre algún tipo de enfermedad o trastorno, es comprensible que puedas tener sentimientos negativos como preocupación, frustración o miedo. Pero los sentimientos negativos acerca de la salud no restauran la salud. Es más, tienen el efecto contrario: reducen la salud aún más. Para mejorar tu salud, necesitas remplazar los sentimientos negativos con buenos sentimientos y la gratitud es la mejor manera de hacer esto.

Mucha gente también tiene pensamientos críticos y sentimientos de insatisfacción acerca de su propia apariencia física. Lamentablemente, esos pensamientos y sentimientos también reducen la corriente mágica de la salud. Cuando hay algo que no te gusta de tu cuerpo, no estás siendo agradecido por tu cuerpo. Piensa en esto. Por la ley de atracción las quejas sobre tu cuerpo te traen más problemas de los cuales quejarte. Es así que las quejas acerca de tu cuerpo o apariencia ponen en riesgo tu salud.

"A cualquiera que no tenga **gratitud** *(por su salud y su cuerpo), aun lo que tiene le será quitado".*

"A cualquiera que tiene **gratitud** *(por su salud y su cuerpo) se le dará más y tendrá abundancia (de salud para su cuerpo)".*

Puede que te sientas enfermo o no estés bien ahora, o tal vez sientas mucho dolor, pero si estás leyendo estas palabras, continúas recibiendo el regalo de la salud. Puede resultar muy difícil acceder a sentimientos de gratitud cuando estás enfermo o con dolor, pero aun la más pequeña partícula de gratitud ayuda a aumentar la corriente mágica de la salud hacia tu cuerpo.

El ejercicio de hoy, "Magia y milagros en la salud", está diseñado para mejorar drásticamente tu salud y felicidad. Vamos a tomar un triple enfoque para acelerar los resultados.

Primer paso: La salud que has recibido (el pasado)

Piensa en la buena salud que has disfrutado a lo largo de tu niñez, adolescencia y vida adulta. Piensa en los tiempos que te sentías lleno de energía y eras feliz. Evoca tres instancias separadas en que te has sentido en la cima del mundo, di la palabra mágica, *gracias,* y siente sincera gratitud por esas instancias. Si piensas en los grandes momentos de tu vida, te será muy fácil encontrar tres instancias separadas.

Segundo paso: Salud que continúas recibiendo (presente)

Piensa en la salud que continúas recibiendo hoy y siente gratitud por cada órgano, sistema y sentido físico que actualmente funciona bien en tu cuerpo. Piensa en tus brazos, piernas, manos, ojos, oídos, hígado, riñones, cerebro o el corazón. Escoge cinco funciones de tu cuerpo que *están bien*, y entonces, una por una, pronuncia mentalmente la palabra mágica, *gracias*, por cada una.

Tercer paso: Salud que quieres recibir (futuro)

Vas a escoger una cosa que quieras mejorar de tu cuerpo para el ejercicio mágico de hoy, pero vas a aplicarle el poder mágico de la gratitud de una manera muy particular. Piensa en el estado *ideal* de lo que quieras mejorar. Cuando das gracias por el estado *ideal* de algo, has iniciado un movimiento para recibir de vuelta ese estado ideal.

Con mucha frecuencia, cuando a alguien se le diagnostica una enfermedad de algún tipo, esa persona no solamente hablará mucho sobre el tema sino que también averiguará sobre la enfermedad y reunirá información sobre los posibles síntomas de empeoramiento y sus temidos desenlaces. En otras palabras, concentrará su completa atención en la enfermedad. Por la ley de atracción no podemos hacer que un problema desaparezca mediante la simple concentración en él, porque esa concentración solo puede empeorarlo. Lo que debemos hacer es exactamente lo contrario y concentrarnos en el estado *ideal* para el área de nuestro cuerpo que no está bien y darle nuestros pensamientos y sentimientos. La gratitud por el estado *ideal* de cualquier parte de nuestro cuerpo utiliza poderosamente nuestros pensamientos y sentimientos combinados para magnetizarlos hacia nosotros... ¡de un solo golpe!

Dedica un minuto a visualizar una imagen tuya en el estado *ideal* que quisieras en tu cuerpo. Y al ver tu cuerpo mentalmente en el estado que quisieras que esté, agradécelo como si ya lo hubieras recibido.

Y así, si quieres que tus riñones recuperen mágicamente su salud, agradece tener riñones fuertes y saludables que filtran y descartan toda la materia inservible de tu cuerpo. Y si quieres que mágicamente se restaure la salud de tu sangre, agradece la sangre pura y saludable que distribuye oxígeno y nutrientes a todas las partes de tu cuerpo. Si quieres restaurar mágicamente la salud de tu corazón, da gracias por tener un corazón fuerte y saludable que mantiene el bienestar de cada órgano de tu cuerpo.

Si quieres mágicamente mejorar tu vista, entonces da gracias por tu excelente visión. Si quieres mejorar tu audición, da gracias por oír perfectamente. Si quieres tener mayor flexibilidad, da gracias por un cuerpo perfectamente moldeable y ágil. Y si quieres cambiar tu peso corporal, piensa primero en el peso *ideal* que quisieras tener, entonces imagínate con ese peso ideal y da gracias como si ya lo tuvieras.

Cualquiera cosa que quieras mejorar, imagínate primero en ese estado *ideal* y entonces agradécelo como si ya lo hubieras recibido.

> *"Las fuerzas naturales que llevamos dentro son las que verdaderamente curan las enfermedades".*
>
> HIPÓCRATES (CIRCA 460 – CIRCA 370 AC)
> PADRE DE LA MEDICINA OCCIDENTAL

Puedes seguir la magia y milagros en la salud en tu ejercicio todos los días si necesitas hacerlo, y puedes hacerlo varias veces al día si realmente quieres acelerar la restauración mágica de plena salud o mejorar algún aspecto de tu cuerpo. Pero es vital que en cualquier momento que te surja algún pensamiento o sentimiento negativo sobre el estado actual de tu salud lo remplaces inmediatamente visualizándote en el estado *ideal* que desees y mostrándote verdaderamente agradecido, como si ya lo hubieras recibido.

La única manera real de garantizar la salud, aparte de cuidarte bien físicamente, es continuar siendo agradecido por tu salud.

Ejercicio práctico número 16

Magia y milagros en la salud

1. Enumera tus bendiciones: Haz una lista de diez bendiciones. Escribe *por qué* estás agradecido. Relee tu lista y al final de cada bendición repite *gracias, gracias, gracias,* y siente la mayor gratitud posible por esa bendición.

2. Escoge **tres** instancias separadas en tu vida cuando te sentiste en la cima del mundo y sinceramente da gracias por esos momentos.

3. Piensa en **cinco** funciones de tu cuerpo que *están* bien y da gracias por todas, una por una.

4. Escoge **una** cosa en tu cuerpo que quieras mejorar y dedica un minuto a visualizarte en ese estado *ideal* de tu cuerpo o de tu salud. Entonces da gracias por ese estado *ideal.*

5. Antes de irte a dormir esta noche toma tu piedra mágica en la mano y di la palabra mágica, *gracias,* por *lo mejor* que ocurrió durante el día.

Día 17
EL CHEQUE MÁGICO

"En el universo mágico no hay coincidencias ni accidentes. Nada ocurre a menos que alguien lo disponga".

WILLIAM S. BURROUGHS (1914–1997)
AUTOR Y POETA

Cuando diriges el poder mágico de la gratitud hacia una condición negativa, se crea una *nueva* condición y se elimina la anterior. Eso significa que cuando llegas al punto en que sientes más gratitud por el dinero que lo que sientes por no tenerlo se crea una nueva condición que elimina la falta de dinero y la remplaza mágicamente con más dinero.

Todos los malos sentimientos acerca del dinero espantan el dinero y reducen la cantidad de dinero en tu vida, y cada vez que te sientes mal acerca del dinero, lo reduces un poco más. Si tienes malos sentimientos acerca del dinero, como envidia, decepción, preocupación o temor, no puedes recibir más. La ley de atracción dice que los semejantes se atraen mutuamente, así que si te sientes decepcionado por no tener suficiente dinero, recibirás más circunstancias decepcionantes por no tener suficiente dinero. Si estás preocupado acerca del dinero, recibirás más situaciones preocupantes acerca del dinero. Si estás atemorizado acerca del estado de tu dinero, entonces debes recibir más situaciones que continuarán atemorizándote acerca del dinero.

No importa cuán difícil sea, tienes que ignorar tu situación actual y la escasez de dinero por la que puedas estar atravesando. La manera más garantizada de hacer eso es mediante la gratitud. No puedes estar agradecido por el dinero y decepcionado por el dinero al mismo tiempo. No puedes estar teniendo pensamientos de gratitud acerca del dinero y preocupaciones acerca del dinero al mismo tiempo. Ni puedes estar agradecido por el dinero y tener pensamientos temerosos acerca del dinero al mismo tiempo. Cuando estás agradecido por el dinero, no solo dejas de tener pensamientos negativos que alejan el dinero, ¡sino que estás haciendo precisamente lo que te trae dinero!

Ya has practicado gratitud por el dinero que has recibido y continúas recibiendo. De modo que, antes de utilizar el poder mágico de la gratitud para el dinero que deseas, necesitas entender las varias maneras y avenidas por las que el dinero y las riquezas pudieran llegar a tu vida. Porque si no agradeces cada vez que tus riquezas y tu dinero aumentan, detendrás la corriente de la abundancia hacia ti.

El dinero puede llegarte a través de un cheque inesperado, un aumento de salario, ganarte la lotería,

un reembolso de impuestos o un regalo anticipado
de alguien en efectivo. Tu dinero puede también
aumentar cuando alguien espontáneamente se encarga
de pagarte la cuenta del café, el almuerzo o la cena;
cuando estás a punto de comprar algo y descubres
que tiene un descuento; cuando recibes una oferta de
devolverte dinero en una compra; o cuando alguien
te hace un regalo de algo que necesitabas comprar.
¡El resultado final de cada una de estas circunstancias
es que cuentas con más dinero! Así que cada vez que
se presenta una situación, pregúntate lo siguiente:
¿Significa esta circunstancia que tengo más dinero?
Porque si es así, ¡necesitas estar muy agradecido por el
dinero que estás recibiendo mediante esa circunstancia!

Si le dices a un amigo que estás a punto de comprar
algo y el amigo ofrece prestártelo o regalártelo porque
no lo usa, o si estás planeando un viaje y te enteras
de un descuento especial que aprovechas, o si tu
institución bancaria rebaja la tasa de interés o un
proveedor de servicios te ofrece un paquete mucho
mejor, tu dinero aumenta mágicamente mediante algún
ahorro. ¿Te das cuenta de las situaciones ilimitadas en
que puedes recibir dinero?

Lo más probable es que hayas vivido algunas de estas
situaciones en alguna ocasión y, aunque no te hayas
dado cuenta en aquel momento, te ocurrieron porque
las atrajiste hacia ti. Pero cuando la gratitud se convierta
en tu manera de vivir, ¡vas a atraer situaciones mágicas
todo el tiempo! Mucha gente le llama a esto buena
suerte, pero no tiene nada de suerte: es la ley Universal.

Cualquier circunstancia que surja por la cual recibes más dinero o recibes algo que cuesta dinero no es más que el resultado de *tu* gratitud. Te sentirás muy contento de saber que lo lograste, y cuando combinas tu alegría y tu gratitud, cuentas con una fuerza magnética que continuará atrayendo más y más abundancia.

Cuando llegué a los Estados Unidos hace algunos años, llegué con dos maletas. Trabajaba en mi apartamento casi vacío con mi computadora en las piernas. No tenía automóvil y caminaba a casi todos los lugares. Pero me sentía agradecida por todo. Me sentía agradecida por estar en Estados Unidos y por el trabajo que hacía, y me sentía agradecida también por el apartamento casi vacío con mis cuatro platos, cuatro cuchillos, cuatro tenedores y cuatro cucharas. Estaba agradecida por poder caminar a casi todos los lugares, y estaba agradecida de que había una estación de taxis al cruzar la calle. Entonces algo increíble ocurrió. Una persona que conocía decidió facilitarme un conductor y un automóvil por algunos meses. Además de mi computadora, vivía con las cosas mínimas para sobrevivir ¡y de repente tenía un conductor particular y un automóvil! Estaba agradecida, por lo cual recibí más. Y así es exactamente cómo funciona la magia de la gratitud.

El ejercicio mágico de hoy sobre el dinero que deseas ha traído asombrosos resultados a mucha gente. Al final de este ejercicio encontrarás un cheque mágico en blanco del Banco de la Gratitud del Universo y lo vas a llenar a tu nombre. Llena el espacio de la cantidad con la cifra de dinero que quieras recibir junto a tu nombre y con la fecha de hoy. Escoge una cantidad específica de dinero para algo que *realmente* desees, porque podrás sentir más gratitud por el dinero cuando sabes en qué lo vas a gastar. El dinero es un medio para obtener lo que deseas pero no es el resultado final. Así que si sólo pensaste en el dinero en sí, no podrías sentir tanta gratitud. Cuando imaginas que vas a obtener las cosas que *realmente* deseas, o hacer las cosas que *realmente* quieres hacer, sentirás mucha más gratitud que si solamente estuvieras agradecido por el dinero.

Puedes fotocopiar o escanear el cheque mágico del libro. Puedes obtener también una abundancia de cheques mágicos en blanco en: www.thesecret.tv/magiccheck.

Si quieres, puedes comenzar con una cantidad más pequeña en tu primer cheque mágico y después que recibas esa cantidad menor, puedes continuar aumentando las cantidades en tus próximos cheques. El beneficio de comenzar con una cantidad más pequeña es que cuando la recibas mágicamente sabrás que *tú* lo lograste, sabrás de manera absoluta que la magia de la gratitud funcionó, y la gratitud y alegría que sientas harán que las cantidades mayores te resulten más creíbles.

Una vez que hayas rellenado el cheque mágico, sostenlo en tu mano y piensa en la cosa específica que desees obtener con ese dinero. Visualízate utilizando el dinero para obtener aquello que deseas y muestra la mayor dosis de entusiasmo y gratitud posible.

Tal vez quieras el dinero para comprarte un par de zapatos nuevos, una computadora o una cama nueva, así que visualízate comprando lo que realmente deseas en una tienda. Si lo compras por Internet, entonces visualízate recibiendo la mercancía para sentir emoción y gratitud. Quizás quieras el dinero para viajar al extranjero, o para la matrícula de tu hijo en la universidad, así que imagínate comprando un boleto de avión o abriendo una cuenta bancaria para la matrícula universitaria. Y siéntete tan feliz y agradecido ¡como si ya lo hubieras recibido!

Después de completar estos pasos, llévate el cheque mágico contigo hoy o colócalo en un sitio en que puedas verlo a menudo. Por lo menos dos veces al día toma el cheque mágico en tus manos, visualízate utilizando realmente el dinero en lo que deseas, y siéntete lo más agradecido y emocionado posible, como si ya lo estuvieras haciendo realmente. Si quieres puedes hacer esto más veces al día. Como con cualquier otro ejercicio mágico, nunca sería demasiado.

Al final del día, puedes dejar el cheque mágico donde lo tenías o colocarlo en otro lugar prominente donde lo veas a diario. Podrías colocarlo en el espejo del baño, en el refrigerador, debajo de tu piedra mágica, en tu automóvil o en tu cartera, o úsalo como imagen de fondo en la pantalla de tu computadora. Cada vez que veas el cheque mágico, siéntete como si ya hubieras recibido el dinero y agradece que ahora puedes tener o hacer lo que quieras.

Cuando hayas recibido el dinero del cheque mágico, o si recibes la mercancía que querías comprar con ese dinero por otra vía igualmente mágica, sustituye el cheque con otro por una nueva cantidad para algo más que *realmente* desees, y continúa el ejercicio con el cheque mágico todo el tiempo que quieras.

EJERCICIO MÁGICO NÚMERO 17

El cheque mágico

1. Enumera tus bendiciones: Haz una lista de diez bendiciones. Escribe *por qué* estás agradecido. Relee tu lista y al final de cada bendición repite *gracias, gracias, gracias,* y siente la mayor gratitud posible por esa bendición.

2. Rellena tu cheque mágico por la cantidad de dinero que quieras recibir junto a tu nombre y la fecha de hoy.

3. Sostén el cheque mágico en tus manos e imagínate comprando la cosa específica para la que querías el dinero. Siéntete tan feliz y agradecido como si ya lo hubieras recibido.

4. Lleva el cheque mágico contigo hoy y colócalo en un lugar en que lo veas a menudo. Por lo menos **dos** veces más toma el cheque en tus manos, visualízate utilizando el dinero para lo que deseas y siéntete tan agradecido como si lo estuvieras haciendo realmente.

5. Al final del día coloca el cheque mágico en un lugar prominente en que lo veas a diario. Cuando hayas recibido el dinero de tu cheque, o si recibes la mercancía para la que querías utilizar el dinero, remplázalo con un cheque por una nueva cantidad para algo más que realmente desees, y repite los pasos 2–4.

6. Antes de irte a dormir esta noche toma tu piedra mágica en la mano y di la palabra mágica, *gracias*, por *lo mejor* que ocurrió durante el día.

Saca una fotocopia o escanea el cheque llena la fecha tu nombre y el valor que deseas recibir en la moneda de tu preferencia.

LA MAGIA
CHEQUE

BANCO DE LA GRATITUD DEL UNIVERSO

FECHA _____

NOTA DEL REMITENTE – Gratitud

PAGUESE _____

A LA ORDEN DE _____

NO
NEGOCIABLE
Debes de creer y ser
agradecido para recibir

BANCO DE LA GRATITUD DEL UNIVERSO
GIRADOR: CUENTA: ABUNDANCIA ILIMITADA

FIRMA: _____

el Universo

www.thesecret.tv

This is not an instrument subject to Article 3 of the UCC

⑈843 62442 ⑈843 732738 843

Día 18

LA LISTA MÁGICA DE COSAS QUE HACER

"El mundo está lleno de cosas mágicas que esperan que nuestro intelecto se agudice".

EDEN PHILLPOTTS (1862–1960)
NOVELISTA Y POETA

Lo cierto es que, pensándolo bien, la gratitud es tu mejor amiga. Siempre está ahí, dispuesta, lista para ayudarte, nunca te falla ni te decepciona y, mientras más te apoyas en ella, más cosas te resuelve y más enriquece tu vida. El ejercicio mágico de hoy te mostrará cómo la gratitud puede hacer muchas más cosas mágicas *para ti* si te apoyas en ella aun más.

Cada día surgen pequeños problemas de la vida que requieren solución. A veces nos sentimos abrumados cuando no sabemos cómo resolver una situación. Tal vez tu problema sea que no tienes suficiente tiempo para todo lo que tienes que hacer y te sientes perdido porque el día sólo tiene veinticuatro horas. Puede que te sientas abrumado con el trabajo y quieras más tiempo libre, pero no hallas el modo de tenerlo. Tal vez estás en casa cuidando a tus hijos y te sientes gastado y agotado sin hallar el modo de obtener el apoyo que puede darte tiempo libre. Puedes estar enfrentando un problema que necesita solución y no tienes idea dónde acudir para resolverlo. Puede que hayas perdido algo y hayas intentado en vano encontrarlo. O tal vez estés buscando algo – la mascota perfecta, la persona ideal para que te cuide los niños o te arregle el pelo, o un fenomenal dentista o médico – y, a pesar de tus mejores esfuerzos, no has podido encontrarlo. Puede que te encuentres en una situación incómoda por algo que alguien te haya pedido que hagas y no sabes cómo responderle. O puede ser que estés en medio de alguna disputa con alguien y, en lugar de resolverse, las cosas parecen empeorar.

Este ejercicio de la lista mágica de cosas que hacer te ayudará con problemas diarios que no sabes cómo solucionar o cuando simplemente quieres que te resuelvan algo. ¡Te vas a sorprender con los resultados!

Cuando combinas el poder mágico de la gratitud y la ley de atracción, la gente, las circunstancias y las actividades deben reordenarse ¡de tal modo que hagan precisamente lo que *quieras* que hagan! No vas a saber cómo ocurrirá ni cómo se *te* resolverá, porque ésa no es tarea tuya. Tu tarea es simplemente estar lo más agradecido posible por lo que quieres que te hagan en el momento, como si ya estuviera hecho. ¡Y entonces deja que la magia ocurra!

Haz una lista de las cosas más importantes que quieres que *te* hagan y *te* resuelvan y titúlala "La lista mágica de cosas que hacer". Pudieras incluir cosas en la lista que no tengas tiempo de hacer o no quieras hacer, junto con cualquier otro problema actual, desde las cosas más pequeñas y cotidianas hasta las situaciones de mayor magnitud en la vida. Piensa bien en cualquier área de tu vida en que necesitas que te hagan o resuelvan algo.

Cuando hayas terminado de hacer tu lista, escoge tres cosas en las que concentrar tu atención hoy e imagina que, una por una, han sido resueltas por arte de magia. Imagina que todas las personas, circunstancias y actividades se han movilizado para hacerlo por ti, ¡y ahora están resueltas! Hechas, ordenadas, resueltas para ti, y estás dando gracias masivamente porque se resolvieron. Detente al menos un minuto en cada una de tus tres cosas con la convicción de que ha sido resuelta y sintiendo una enorme gratitud. Puedes repetir en otra ocasión el mismo ejercicio para el resto de las cosas en tu lista, pero existe poder en el simple hecho de poner las cosas que quieres ver resueltas en tu lista mágica de cosas que hacer.

Recuerda que la ley de atracción dice que "los semejantes se atraen mutuamente", lo cual significa que cuando estás agradecido por las soluciones como si hubieran ocurrido, atraerás todo lo que necesitas en tu vida para resolver la situación. Concentrarte en los problemas atrae más problemas. Tienes que ser un imán para la solución, no un imán para el problema.

Estar agradecido por la solución y haberlo resuelto atrae la solución.

Para demostrar cuán poderoso es este ejercicio mágico quiero contarles una anécdota de mi hija, que utilizó este ejercicio para atraer hacia sí la billetera que había perdido.

Mi hija descubrió la mañana siguiente de haber salido una noche que le faltaba su billetera y no tenía idea dónde podía haberla perdido o si se la habían robado. Llamó al restaurante donde había cenado, a la compañía de taxi que había utilizado para regresar a su casa, a la estación de policía local, y ella misma recorrió las calles tocando en las puertas del vecindario. Pero nadie había encontrado su billetera.

Aparte del hecho de que la billetera de mi hija contenía las usuales cosas valiosas, como sus tarjetas de crédito, su licencia de conducir y algo de efectivo, su mayor preocupación era que contenía también información actualizada de cómo contactarla, pues había estado en el extranjero durante algún tiempo. Su número de teléfono no estaba listado en la guía y, con un apellido bastante común, no parecía quedar esperanza.

Sin embargo, a pesar de obstáculos que parecían imposibles de superar, mi hija se sentó, cerró los ojos y trajo a su mente la imagen de su billetera. Visualizó que tenía su billetera en la mano, la abrió, revisó su contenido y sintió una enorme gratitud por tener la billetera y todo lo que tenía dentro en sus manos otra vez.

Durante el resto del día, cada vez que pensaba en la situación, mi hija imaginaba tener su billetera en la mano y sentía una enorme gratitud por haberle sido devuelta.

Más tarde esa misma noche recibió una llamada de un granjero que vivía a cien millas de distancia diciéndole que había encontrado su billetera. La parte extraordinaria de esta historia es que el granjero había encontrado la billetera por la madrugada en la calle frente a la casa de mi hija e inmediatamente había buscado alguna información sobre cómo contactarla. Llamó varias veces infructuosamente tratando de encontrar el dueño hasta que se dio por vencido y regresó a su granja con la billetera.

Sin embargo, mientras caminaba en su granja, la billetera seguía molestándolo hasta que decidió revisarla por última vez. Encontró un pedazo de papel con el primer nombre de un hombre. Entonces juntó ese nombre con el apellido de mi hija y llamó al servicio de directorio de la compañía de teléfono. Había solamente una persona con ese nombre y ese apellido. El granjero llamó al número de teléfono y era la casa del padre de mi hija. Hasta el día de hoy no sabemos cómo el granjero obtuvo ese número de teléfono porque era un número privado ¡y no estaba en ninguna lista! Nosotras llamamos varias veces al servicio de directorio después de que esto ocurrió, y la respuesta era siempre la misma: "Lo siento mucho, ese nombre no aparece en ninguna lista".

A una distancia de cien millas, a través de la más extraordinaria secuencia de hechos aparentemente imposibles, la billetera de mi hija le fue devuelta intacta. Ella cumplió con su parte de agradecer la devolución de su billetera y, tal como debe suceder, la gratitud hizo su magia y movilizó a toda persona, circunstancia y hecho para devolverle su billetera.

El poder mágico de la gratitud está disponible para ti también y siempre lo ha estado. ¡Sólo tienes que descubrirlo tú mismo y aprender a utilizarlo!

EJERCICIO MÁGICO NÚMERO 18

La lista mágica de cosas que hacer

1. Enumera tus bendiciones: Haz una lista de diez bendiciones. Escribe *por qué* estás agradecido. Relee tu lista y al final de cada bendición repite *gracias, gracias, gracias,* y siente la mayor gratitud posible por esa bendición.

2. Haz una lista de las cosas o problemas más importantes que necesitas resolver. Titúlala *La lista mágica de cosas que hacer.*

3. Escoge **tres** de las cosas más importantes de tu lista e imagina que, una por una, todas se *te* resuelven.

4. Dedícale al menos **un** minuto a cada cosa con la convicción de que ha sido resuelta y sintiendo una enorme gratitud.

5. Antes de irte a dormir esta noche toma tu piedra mágica en la mano y di la palabra mágica, *gracias,* por *lo mejor* que ocurrió durante el día.

Día 19
PASOS MÁGICOS

"Cien veces al día me recuerdo a mí mismo que mi vida interior y exterior dependen del trabajo de otros hombres, vivos y muertos, y que debo esforzarme a fin de dar en la misma medida que he recibido y continúo recibiendo".

ALBERT EINSTEIN (1879–1955)
FÍSICO GANADOR DEL PREMIO NOBEL

Con esas palabras Einstein nos hizo un regalo equivalente a sus descubrimientos científicos. Nos regaló uno de los secretos mágicos de su éxito. La gratitud. ¡Todos los días!

Einstein es la inspiración detrás del ejercicio mágico de hoy y tú seguirás sus pasos para traer éxito a *tu* vida. Hoy, al igual que Einstein, dirás *gracias* cien veces, y lo vas a hacer dando cien pasos mágicos. Aunque te parezca increíble que dar pasos pueda provocar un cambio en tu vida, descubrirás que es una de las cosas más poderosas que puedes hacer.

"Dios te hizo un regalo de 86.400 segundos hoy. ¿Has utilizado uno de ellos para decir 'gracias?' ".

WILLIAM A. WARD (1921–1994)
AUTOR

Para dar pasos mágicos mentalmente dices la palabra mágica, *gracias,* en el momento en que tu pie toca el suelo y entonces vuelves a decir *gracias* cuando el otro pie toca el suelo. Un pie, *gracias,* el otro pie, *gracias,* y continúas diciendo la palabra mágica con cada paso que das.

Lo mejor de los pasos mágicos es que puedes dar cualquier cantidad de ellos dondequiera y en cualquier momento: en la casa de una habitación a otra, caminando hacia el almuerzo o a tomar un café, sacando la basura, yendo a una reunión de trabajo, cuando vas a tomar un taxi, un tren o un autobús. Puedes llevar los pasos mágicos contigo a cualquier lugar importante, como a un examen, una cita, una entrevista de trabajo, una audición, a encontrarte con un cliente, al banco, al cajero automático, al dentista, al médico, al peluquero, a ver jugar a tu equipo deportivo, en los pasillos, en los aeropuertos, en los parques o de una a otra cuadra.

Yo ando con mis pasos mágicos por toda la casa, de la cama al baño, de la cocina a la habitación, y afuera a mi automóvil y al buzón. Cuando camino por una calle o hacia cualquier sitio, escojo un punto de destino y pongo gratitud en mis pasos durante todo el trayecto.

Si notas cómo te sientes antes de comenzar, entonces notarás una gran diferencia en la manera de sentirte después de tomar los pasos mágicos. Aunque no sientas una gran sensación de gratitud cuando los estás dando, te aseguro que te sentirás más contento después de hacerlo. Si te sientes deprimido, los pasos mágicos te harán sentir mejor y, aunque te sientas fenomenal, ¡los pasos mágicos te elevarán aún más el espíritu!

Para hacer más efectivos los pasos mágicos, haz este ejercicio durante unos noventa segundos, lo cual es lo que le demoraría a una persona promedio dar cien pasos a un paso cómodo. Este ejercicio no es dar exactamente cien pasos, sino dar al menos esa cantidad, porque probablemente es la cantidad que te hará sentir diferente. Una vez que tengas claridad acerca de la distancia aproximada, puedes dar tus cien pasos de gratitud en cualquier momento del día. No cuentes los pasos cuando estés haciendo el ejercicio porque estarás contando en lugar de diciendo la palabra mágica, *gracias,* con cada paso.

Cuando hayas completado el ejercicio mágico de hoy habrás dicho la palabra mágica, *gracias,* ¡cien veces! ¿Cuántos días de tu vida has dicho la palabra *gracias* cien veces?

¡Y Einstein lo hacía todos los días!

Ejercicio mágico número 19

Pasos mágicos

1. Enumera tus bendiciones: Haz una lista de diez
    bendiciones. Escribe *por qué* estás agradecido. Relee
    tu lista y al final de cada bendición repite *gracias,*
    gracias, gracias, y siente la mayor gratitud posible
    por cada bendición.

2. Da **cien** pasos mágicos (durante unos noventa
    segundos) en gratitud en cualquier momento
    del día.

3. Con cada paso di y siente la palabra mágica: *gracias.*

4. Antes de irte a dormir esta noche toma tu piedra
    mágica en la mano y di la palabra mágica, *gracias,*
    por *lo mejor* que ocurrió durante el día.

Día 20
LA MAGIA DEL CORAZÓN

"La gratitud es la memoria del corazón".

JEAN-BAPTISTE MASSIEU (1743–1818)
ACTIVISTA REVOLUCIONARIO FRANCÉS

A estas alturas ya debes de haber concluido que el objetivo de cualquier ejercicio mágico de gratitud es siempre sentirte lo más agradecido que puedas. Esto es porque cuando aumentas la sensación de gratitud por dentro, las cosas por las que debes estar agradecido en el mundo exterior también aumentan.

En un final, después de practicar la gratitud por un período largo de tiempo la vas a sentir automáticamente en lo más profundo de tu corazón. Sin embargo, el ejercicio mágico de hoy reducirá el tiempo que normalmente te habría tomado alcanzar ese nivel.

El ejercicio sobre la magia del corazón está diseñado para aumentar poderosamente la profundidad de tu gratitud concentrando tu mente en el área del corazón

mientras pronuncias y sientes la palabra mágica,
gracias. Investigaciones científicas han demostrado que
si te concentras en el corazón cuando estás agradecido,
tu ritmo cardiaco inmediatamente se hace mucho más
estable y armónico, lo cual se traduce en importantes
mejorías en tu sistema inmunológico y en tu salud.
Eso te da una idea del poder de la magia del corazón.
Se necesita practicar un poco la primera vez que lo
intentas, pero vale la pena el esfuerzo. Después de
algunas veces lo lograrás y cada vez que lo practiques tu
sensación de gratitud aumentará exponencialmente.

Para practicar la magia del corazón, concentra tu
mente y atención en el área alrededor del corazón.
No importa si te concentras en el interior o el exterior
de tu cuerpo. Te será más fácil si cierras los ojos, y
mientras te mantienes concentrado en tu corazón,
mentalmente di la palabra mágica: *gracias*. Una vez que
lo hayas practicado varias veces, no necesitarás cerrar
los ojos más, aunque por regla general sentirás más
gratitud cuando cierras los ojos.

Hay varias cosas que puedes hacer para ayudarte a
aprender la magia del corazón rápidamente. Puedes
colocar tu mano derecha en el área alrededor del
corazón a fin de mantener tu mente concentrada ahí
mientras dices la palabra mágica: *gracias*. O puedes
imaginar que al pronunciar la palabra *gracias* te sale
del corazón y no de la mente.

Como parte del ejercicio mágico de hoy, usa tu lista
de los diez principales deseos y practica la magia del
corazón en cada deseo. Lee cada deseo mentalmente

o en voz alta, y al final cierra los ojos, concentra tu mente en el área alrededor del corazón y mantenla ahí, repitiendo lentamente otra vez la palabra mágica: *gracias.* Puedes usar las ideas que te he dado antes si te ayudan. Después de haber terminado la magia del corazón en cada uno de tus deseos, no solamente habrás aumentado la profundidad de la gratitud que eres capaz de alcanzar, sino que también habrás aumentado drásticamente tu gratitud por tus diez principales deseos.

Si quieres aumentar la velocidad con que los recibes, puedes continuar practicando la magia del corazón en tus deseos regularmente, o puedes usar la magia del corazón cada vez que digas la palabra mágica: *gracias.* Aunque utilices solamente la magia del corazón igual tendrá un gran impacto en tu felicidad y en la magia de tu vida.

Una vez que hayas practicado la magia del corazón algunas veces sentirás un aumento enorme en la profundidad de lo que sientes, y con la gratitud todo se reduce a la profundidad del sentimiento, porque mientras más profundo sea el sentimiento, mayor será la abundancia de lo que recibes. Las primeras señales de que has aumentado la profundidad de tu sentimiento pueden ser un cosquilleo alrededor del corazón o una ola de alegría por todo el cuerpo. Los ojos se te pueden llenar de lágrimas o puedes sentir que se te eriza la piel. Pero sin excepción, ¡comenzarás a sentir un nivel de paz y felicidad que nunca antes has sentido!

EJERCICIO MÁGICO NÚMERO 20

La magia del corazón

1. Enumera tus bendiciones: Haz una lista de diez bendiciones. Escribe *por qué* estás agradecido. Relee tu lista y al final de cada bendición repite *gracias, gracias, gracias,* y siente la mayor gratitud posible por esa bendición.

2. Concentra la mente y tu atención en el área alrededor del corazón.

3. Cierra los ojos y, mientras mantienes tu mente concentrada en el corazón, di mentalmente la palabra mágica: *gracias.*

4. Toma tu lista de diez principales deseos y practica la magia del corazón leyendo cada deseo, cierra los ojos mientras concentras la mente en el área alrededor del corazón, y repite la palabra mágica, *gracias,* lentamente.

5. Antes de irte a dormir esta noche toma tu piedra mágica en la mano y di la palabra mágica, *gracias,* por *lo mejor* que ocurrió durante el día.

Día 21
MAGNÍFICOS DESENLACES

*"Das gracias antes de las comidas. Está bien. Pero yo
doy gracias antes del concierto y la ópera, y también
doy gracias antes de la obra de teatro y pantomima,
y doy gracias antes de abrir un libro, gracias antes
de dibujar, pintar, nadar, practicar esgrima, boxear,
caminar, jugar, bailar, y gracias antes de mojar la
pluma en el tintero".*

G. K. CHESTERTON (1874–1936)
AUTOR

Todos deseamos buenos desenlaces en todo lo que
hacemos. Al dar gracias *antes* de incurrir en cualquier
tipo de acción, el autor Gilbert Keith Chesterton usaba
la magia de la gratitud para garantizar el desenlace que
quería.

Habrá habido instancias en tu vida en que has pensado:
"Espero que esto salga bien", o "Espero que las cosas
resulten" o "Voy a necesitar mucha suerte". Todos estos
pensamientos expresan *esperanza* de que una situación

determinada tenga un buen desenlace. Pero la vida no ocurre por casualidad o por un golpe de suerte. Las leyes del Universo operan matemáticamente al mayor grado de exactitud posible; ¡eso es algo con lo que puedes contar!

Un piloto no *espera* que las leyes de la física continúen funcionando durante su vuelo, porque sabe que las leyes de la física nunca fallan. Tú no empiezas el día con la *esperanza* de que la ley de la gravedad te vaya a mantener sobre la tierra de manera que no flotes hacia el espacio. Sabes bien que no es una casualidad y que la ley de la gravedad nunca va a fallar.

Si deseas magníficos desenlaces en todo lo que hagas, entonces tienes que utilizar la ley que gobierna los desenlaces: la ley de atracción. Esto quiere decir que tienes que utilizar tus pensamientos y sentimientos para atraer magníficos desenlaces a tu vida, y una de las maneras más simples de lograr esto es sintiendo gratitud por magníficos desenlaces.

El ejercicio de magníficos desenlaces es sentirte agradecido *antes* de que algo que deseas salga bien. Puedes agradecer el magnífico desenlace de una reunión de trabajo, una entrevista de trabajo, un examen, el magnífico desenlace de una competencia deportiva, una llamada telefónica, el encuentro con un viejo amigo, o reunirte con tu suegra. Puedes agradecer el magnífico desenlace de tu rutina en el gimnasio, el turno con el veterinario para tu mascota o tu examen dental o médico. Puedes agradecer el magnífico desenlace del trabajo de un electricista, plomero o cualquier otra persona que esté resolviendo un problema en tu casa, el magnífico desenlace de una salida familiar, una conversación con tu hijo o hija sobre su conducta o una conversación íntima y honesta con tu compañera. Puedes agradecer el magnífico desenlace de una compra que estés haciendo, como un regalo de cumpleaños, un anillo de compromiso o un vestido para una boda, o el magnífico desenlace de escoger un nuevo teléfono celular, una nueva alfombra, cortinas o una compañía para remodelar. Puedes agradecer el magnífico desenlace de una reservación en un restaurante, o fenomenales asientos para un concierto, el magnífico desenlace de tu correo diario, tus correos electrónicos diarios, o la devolución de impuestos de este año.

Si para lograr magníficos desenlaces te ayuda creer en el poder mágico de la gratitud, ¡puedes mover los dedos en el aire como si estuvieras salpicando polvo mágico sobre la actividad que quieras que salga magníficamente bien!

Otra ocasión para utilizar la gratitud por magníficos desenlaces es cuando algo inesperado ocurre durante el día. Cuando algo inesperado ocurre es frecuente que saltemos a conclusiones e inmediatamente pensemos que algo está mal. Por ejemplo, llegas al trabajo y te dicen que el jefe quiere verte inmediatamente. El problema de saltar a conclusiones y pensar que hay algún problema es que la ley de atracción dice que lo que piensas y sientes será atraído hacia ti. Así que en lugar de saltar a conclusiones de que puedes estar metido en un lío, toma la oportunidad para hacer que la magia ocurra y expresa gratitud por un magnífico desenlace.

Si pierdes el autobús o el tren cuando vas camino del trabajo, o se te va el avión o estás inesperadamente demorado, en lugar de pensar "Esto es malo", agradece el magnífico desenlace a fin de poner en marcha la magia para *recibir* un magnífico desenlace.

Si eres un padre y se te pide que asistas a una reunión inesperada en la escuela de tu hijo o hija, en lugar de pensar que hay un problema, agradece el magnífico desenlace. Si recibes inesperadamente una llamada telefónica, un correo electrónico o una carta, y lo que te viene a la mente es "¿Cuál será el problema?", inmediatamente agradece el magnífico desenlace *antes* de tomar la llamada o abrir el correo o la carta.

Casi siempre verás y tendrás el magnífico desenlace que pediste y ocasionalmente ni siquiera sabrás cómo fue que te beneficiaste de algo inesperado. Pero cuando pides un magnífico desenlace y te sientes sinceramente agradecido por ello, estás utilizando la matemática ley de atracción y debes recibir de vuelta un magnífico desenlace en algún sitio, en algún momento. ¡Garantizado!

Cada vez que pienses que la casualidad está jugando un papel en tu vida o que no tienes control sobre algo, o cuando te veas con la *esperanza* de que algo va a salir bien, recuerda que en la ley de atracción no existe la casualidad: recibirás lo que piensas y sientes.

La gratitud te ayuda a protegerte contra atraer lo que no quieres – malos desenlaces – y te asegura de que recibirás lo que deseas: ¡Magníficos desenlaces!

Cuando agradeces los magníficos desenlaces, estás utilizando la ley Universal y convirtiendo la esperanza y la casualidad en fe y certidumbre. Cuando la gratitud se convierte en tu estilo de vida, automáticamente haces todo con gratitud, *sabiendo* que la magia de la gratitud producirá un magnífico desenlace.

Mientras más practiques los magníficos desenlaces y los conviertas en un hábito diario, más magníficos desenlaces atraerás a tu vida. Y menos y menos te encontrarás en situaciones en las que no deseas estar. No vas a estar en el sitio equivocado en el momento equivocado. Y no importa lo que ocurra en tu día, sabrás con absoluta certeza que el desenlace será magnífico.

Al comenzar el día, escoge tres situaciones aisladas en las que deseas magníficos desenlaces. Puedes escoger tres cosas que son importantes para ti en tu vida actual, tales como una entrevista de trabajo, la solicitud de un préstamo, un examen, o un turno con el médico. Puedes también comenzar escogiendo tres actividades que normalmente te resultan aburridas, porque cuando la magia ocurra en esas actividades aburridas te convencerás realmente de que has atraído el magnífico desenlace. Por ejemplo, podrías escoger ir al trabajo en tu automóvil, planchar tu ropa, ir al banco o al correo, recoger a los niños, pagar las cuentas o recoger la correspondencia.

Haz una lista escrita de las tres situaciones que escogiste para obtener magníficos desenlaces. Utiliza el poder mágico de la gratitud y, mientras escribes cada una, imagina que estás escribiendo sobre cada una *después* de que han ocurrido:

¡Gracias por el magnífico desenlace en _____!

En el segundo paso de este ejercicio mágico, vas a escoger tres cosas inesperadas que van a surgir hoy y vas a utilizar el poder mágico de la gratitud para lograr magníficos desenlaces también. Puedes hacer este ejercicio antes de recibir tres llamadas telefónicas o antes de abrir tres correos electrónicos o tres cartas por correo, antes de cumplir con un encargo inesperado o cualquier cosa inesperada que se presente durante el día. Esta parte del ejercicio no tiene que ver tanto con las actividades inesperadas que escojas, como la práctica de la gratitud para lograr magníficos desenlaces en pequeñas cosas inesperadas. Cada vez que surja una actividad inesperada, si puedes, cierra los ojos brevemente y mentalmente di y siente las palabras mágicas:

¡Gracias por el magnífico desenlace en _____!

Nunca pensarás que repetir este ejercicio pueda resultar exagerado, porque mientras más lo practiques, más magníficos desenlaces tendrás en tu vida. Pero practicarlo hoy te dará una idea de lo que es y, en el futuro, cuando te vuelvas a encontrar en una situación de *esperanza* de que vas a lograr un buen desenlace o pienses que vas a necesitar suerte, inmediatamente recurrirás al poder mágico de la gratitud, ¡lo cual hace que los magníficos desenlaces se conviertan en una certeza en tu vida!

EJERCICIO MÁGICO NÚMERO 21

Magníficos desenlaces

1. Enumera tus bendiciones: Haz una lista de diez bendiciones. Escribe *por qué* estás agradecido. Relee tu lista y al final de cada bendición repite *gracias, gracias, gracias,* y siente la mayor gratitud posible por cada bendición.

2. Al comienzo del día, escoge **tres** cosas o situaciones que sean importantes para ti y en las que desees tener magníficos desenlaces.

3. Haz una lista de tus tres cosas y escribe cada una como si estuvieras escribiendo después de que ocurrieran: *¡Gracias por el magnífico desenlace en _____!*

4. En el transcurso del día, escoge **tres** actividades inesperadas por las que puedes agradecer un magnífico desenlace. En cada una, cierra los ojos y mentalmente di y siente: *¡Gracias por el magnífico desenlace en _____!*

5. Antes de irte a dormir esta noche toma tu piedra mágica en la mano y di la palabra mágica, *gracias,* por *lo mejor* que ocurrió durante el día.

Día 22
ANTE TUS PROPIOS OJOS

"Este mundo, después de todas nuestras ciencias
y ciencias, es todavía un milagro; magnífico,
inescrutable, mágico y más para todo aquel que
piense en él".

THOMAS CARLYLE (1795–1881)
AUTOR E HISTORIADOR

Hace siete años, cuando por primera vez descubrí
El secreto y el poder mágico de la gratitud, hice una
lista de todos mis deseos. ¡Era una lista larga! En aquel
momento, no parecía haber una manera posible de que
mis deseos se hicieran realidad. No obstante, llevaba
todos los días conmigo mis diez principales deseos
escritos en un pedazo de papel. Cada vez que tenía una
oportunidad, sacaba la lista y la leía toda, sintiendo la
mayor gratitud posible por cada deseo, como si ya lo
hubiera recibido. El deseo número uno, el que deseaba
más que cualquier otro, lo mantenía constantemente
en la mente y por él decía la palabra mágica, *gracias,*
muchas veces al día y me sentía como si ya lo hubiera

recibido. Uno por uno, cada deseo de mi lista apareció mágicamente ante mis ojos. Según iba recibiendo los deseos, los iba tachando de la lista, y cuando tenía nuevos deseos los añadía.

Uno de mis deseos en mi larga lista original era viajar a Bora Bora, cerca de Tahití. Después de disfrutar de una bella semana en el sitio exacto de Bora Bora que había indicado en mi lista, otra cosa hermosa ocurrió. Viajaba por avión hacia Tahití de regreso a casa cuando el avión se detuvo a recoger pasajeros. El vuelo había estado vacío, pero se llenó de tahitianos nativos y de repente me vi rodeada de risas, rostros sonrientes y una felicidad palpable.

Disfrutando de este corto vuelo con esta gente hermosa identifiqué con claridad la razón por la que estaban tan felices. ¡Estaban agradecidos! Agradecidos por estar vivos, agradecidos por estar en el avión, agradecidos por estar juntos, agradecidos por el sitio al que se dirigían, ¡agradecidos por todo! Podía haberme quedado en ese avión y viajar por el mundo con ellos de lo bien que me sentía en su compañía. Y entonces me percaté súbitamente de que había recibido mi último deseo. Bora Bora era el último deseo en mi larga lista original y la razón por la que estaba en ese avión apareció con claridad ante mis propios ojos: ¡gratitud!

He compartido esta historia contigo para que te sirva de inspiración, porque no importa cuán grandes parezcan tus deseos, puedes recibirlos mediante la gratitud. Más aún, la gratitud traerá una alegría y felicidad a tu vida que nunca has sentido, y eso realmente no tiene precio.

Trascurrieron cuatro años desde el momento en que comencé a utilizar la gratitud y la ley de atracción hasta el momento en que recibí el deseo final de mi lista original. Para darte una idea de la magnitud de haber recibido todos mis deseos en ese período de tiempo, cuando hice mi lista de deseos mi compañía tenía una deuda de dos millones de dólares y faltaban dos meses para que me obligaran a cerrarla y perder mi casa y todas mis propiedades. El dinero que debía en mis tarjetas de crédito era una pequeña fortuna y, sin embargo, en mi lista de deseos aparecía tener una casa grande frente al mar, viajar a lugares exóticos del mundo, liquidar todas mis deudas, expandir mi compañía, y restaurar lo mejor posible cada una de mis relaciones, mejorar la calidad de vida de mi familia, estar cien por ciento saludable otra vez y tener una energía y entusiasmo ilimitados por la vida, así como la lista usual de cosas materiales. Y mi deseo número uno, que a mucha gente que me rodeaba le parecía una absoluta imposibilidad, era traer alegría a millones de personas a través de mi trabajo.

En realidad el *primer* deseo que recibí fue traer alegría a millones de personas a través de mi trabajo. El resto de mis deseos siguieron al primero por arte de magia y, uno por uno, según aparecían ante mis propios ojos, los fui tachando de mi lista.

De modo que ahora te toca a ti utilizar el poder mágico de la gratitud para hacer que tus deseos aparezcan ante tus propios ojos. Al comenzar el día, toma tu lista de diez deseos principales, lee bien cada renglón y deseo en tu lista y dedica un minuto a imaginar o visualizar que ya has recibido tu deseo. Siente la mayor gratitud posible, como si ya lo tuvieras.

Lleva hoy tu lista de deseos en el bolsillo. Por lo menos dos veces en el día, sácala, léela y siente la mayor gratitud posible por cada uno, como si ya lo hubieras recibido.

Si quieres que tus deseos te lleguen más pronto, te recomendaría que llevaras la lista contigo en tu billetera o en tu cartera a partir de hoy, y cada vez que tengas tiempo, ábrela, léela bien, y siente la mayor gratitud que puedas por cada uno. Cuando tus deseos aparezcan ante tus propios ojos, táchalos de tu lista y añade otros. Y si eres como yo, cada vez que taches un deseo de tu lista te llenarás de lágrimas de alegría, porque lo que parecía imposible se hizo posible mediante el poder mágico de la gratitud.

Ejercicio mágico número 22

Ante tus propios ojos

1. Enumera tus bendiciones: Haz una lista de diez
    bendiciones. Escribe *por qué* estás agradecido. Relee
    tu lista y al final de cada bendición repite *gracias,
    gracias, gracias,* y siente la mayor gratitud posible
    por cada bendición.

2. Al comenzar el día, toma tu lista de diez deseos
    principales.

3. Lee bien cada renglón y deseo en tu lista y dedica
    un minuto a imaginar o visualizar que ya has
    recibido tu deseo. Siente la mayor gratitud que
    puedas.

4. Lleva hoy tu lista de deseos en el bolsillo. Por lo
    menos **dos** veces al día, saca tu lista, léela bien y
    siente la mayor gratitud que puedas.

5. Antes de irte a dormir esta noche toma tu piedra
    mágica en la mano y di la palabra mágica, *gracias,*
    por *lo mejor* que ocurrió durante el día.

Día 23
EL AIRE MÁGICO QUE RESPIRAS

"Es bastante posible salir de tu casa un día a caminar en el aire temprano de la mañana y regresar una persona diferente: cautivada y encantada".

MARY ELLEN CHASE (1887–1973)
EDUCADORA Y AUTORA

Si alguien me hubiera dicho hace pocos años que me sentiría agradecida por el aire que respiro, habría pensado que esa persona estaba loca. No hubiera tenido ningún sentido para mí. ¿Por qué alguien iba a estar agradecido por el aire que respira?

Pero al cambiar mi vida con el uso de la gratitud, las cosas que antes daba por hechas, o ni siquiera pensaba en ellas, se convirtieron en un milagro absoluto para mí. Pasé de preocuparme por las cosas sin importancia en mi pequeño mundo de vida cotidiana a abrir los ojos y pensar en una visión más amplia y maravillosa del Universo.

Como dijo el gran científico Newton, "Cuando miro al sistema solar, veo la Tierra a la distancia exacta del sol para recibir cantidades adecuadas de calor y luz. Esto no ocurrió por casualidad".

Esas palabras me hicieron pensar más y más en el panorama más amplio. No es un accidente que estemos rodeados por una atmósfera protectora y que más allá no haya ni aire ni oxígeno. No es un accidente que los árboles dejen escapar oxígeno a fin de que nuestra atmósfera se renueve continuamente. No es un accidente que nuestro sistema solar esté perfectamente situado y que si estuviera en *cualquier* otro sitio en la galaxia habríamos sido devastados por radiación cósmica. Hay miles de parámetros y proporciones que hacen posible la vida en la Tierra; todas descansan en el filo de una navaja y su filo es tan crítico que una fracción de diferencia en cualquiera de estos parámetros y proporciones haría la vida imposible en el planeta Tierra. Es difícil creer que cualquiera de estas cosas haya ocurrido por accidente. Parecerían estar perfectamente diseñadas, perfectamente colocadas, perfectamente balanceadas, ¡*para* nosotros!

Cuando la realidad te golpea de que ninguna de estas cosas ha ocurrido por accidente y que el balance de cada elemento microscópico que habita o rodea la Tierra está en perfecta armonía para sostenernos, sentirás una abrumadora sensación de gratitud por la vida, ¡porque todo esto ha sido creado para *sostenerte!*

El aire mágico que respiras no es un accidente o un golpe de suerte de la naturaleza. Cuando piensas en la enormidad de lo que ha tenido lugar en el Universo para que tengamos aire y entonces aspiras profundamente, ¡respirar aire en tu cuerpo se convierte en algo imponente en todo sentido de la palabra!

Respiramos una y otra vez y nunca nos detenemos a pensar en el hecho de que siempre habrá aire para que respiremos. Sin embargo, el oxígeno es uno de los elementos más abundantes de nuestro cuerpo, y cuando respiramos, alimenta cada célula de nuestro cuerpo de manera que podamos continuar viviendo. El regalo más preciado de nuestra vida es el aire, porque sin él, ninguno de nosotros duraría más de unos pocos minutos.

Cuando por primera vez comencé a utilizar el poder mágico de la gratitud, lo utilicé para muchas cosas personales que deseaba. Y funcionó. Pero no fue hasta que comencé a sentirme agradecida por los verdaderos regalos de la vida que experimenté el máximo poder de la gratitud. Mientras más agradecida estaba por una puesta de sol, un árbol, el océano, el rocío en la hierba, mi vida y las personas que hay en ella, todo lo material que jamás había soñado empezó a llegarme en abundancia. Ahora entiendo la razón por la cual ocurrió de esa manera. Cuando podemos sentirnos verdaderamente agradecidos por los preciados regalos de la vida y la naturaleza, como el aire mágico que respiramos, hemos alcanzado uno de los niveles más profundos posibles de la gratitud. Y cualquiera que tenga esa profundidad de gratitud recibirá abundancia absoluta.

Hoy detente a pensar en el glorioso aire que respiras. Aspira profundamente cinco veces y vive la sensación del aire moviéndose dentro de tu cuerpo y siente la alegría de exhalar. Aspira y exhala cinco veces en varias ocasiones durante el día de hoy y, después de cada una de esas sesiones di las palabras mágicas: "*Gracias por el aire mágico que respiro*", ¡y agradece lo más posible el preciado aire que respiras para darte vida!

Sería mejor si pudieras hacer este ejercicio mágico afuera para realmente sentir y apreciar la magnificencia del aire fresco, pero si eso no es posible, entonces hazlo adentro. Puedes cerrar los ojos mientras aspiras profundamente o puedes hacerlo con los ojos abiertos. Puedes hacerlo mientras caminas, esperas en una fila, haces tus compras o en cualquier lugar y en el momento que quieras. Lo importante es que sientas, de forma deliberada, el aire que entra y sale de tu cuerpo. Respira de la manera natural que respiras, porque este ejercicio mágico no es acerca de tu respiración, sino de tu gratitud por el aire que respiras. Si aspirar más profundamente te ayuda a sentir más gratitud, entonces hazlo. Si te ayuda a emitir un sonido o pronunciar mentalmente la palabra mágica, *gracias,* mientras exhalas, entonces hazlo. Si quieres, puedes también hacer una variación de este ejercicio en el futuro, imaginando que estás respirando en gratitud y llenándote a plenitud cada vez que respiras.

Las enseñanzas antiguas dicen que cuando una persona llega al punto de sentirse profundamente agradecida por el aire que respira, su gratitud habrá alcanzado un nuevo nivel de poder, y se convertirá en un verdadero alquimista, ¡aquél que puede sin esfuerzo alguno convertir cada parte de su vida en oro!

EJERCICIO MÁGICO NÚMERO 23

El aire mágico que respiras

1. Enumera tus bendiciones: Haz una lista de diez bendiciones. Escribe *por qué* estás agradecido. Relee tu lista y al final de cada bendición repite *gracias, gracias, gracias,* y siente la mayor gratitud posible por cada bendición.

2. **Cinco** veces hoy, detente a pensar en el glorioso aire que respiras. Aspira deliberadamente **cinco** veces y siente la sensación del aire moviéndose dentro de tu cuerpo y la alegría al exhalar.

3. Después de haber aspirado profundamente cinco veces, di las palabras mágicas: *Gracias por el aire mágico que respiro.* Agradece lo más que puedas el preciado regalo del aire que respiras para darte vida.

4. Antes de irte a dormir esta noche toma tu piedra mágica en la mano y di la palabra mágica, *gracias,* por *lo mejor* que ocurrió durante el día.

Día 24
LA VARA MÁGICA

¿Has deseado alguna vez haber tenido una vara mágica que con simplemente moverla pudieras ayudar a tus seres queridos? Pues, ¡el ejercicio mágico de hoy te mostrará cómo puedes utilizar la *verdadera* vara mágica de la vida para ayudar a otros!

Querer fervientemente ayudar a otra persona te da un poder inmenso, pero cuando diriges ese poder con gratitud, realmente cuentas con una vara mágica capaz de ayudar a tus seres queridos.

La energía fluye hacia donde está tu atención, de modo que cuando diriges la energía de la gratitud hacia las necesidades de alguna persona, allí es dónde va la energía. Esta es la verdadera razón por la que Jesús decía *gracias* antes de realizar un milagro. La gratitud es una fuerza de energía invisible pero real que, combinada con la energía de tus deseos, es como si tuvieras una vara mágica.

*"Las personas que esperan por una vara mágica no se
dan cuenta de que ellas SON la vara mágica".*

THOMAS LEONARD (1955–2003)
INSTRUCTOR DE DESARROLLO PERSONAL

Si tienes un familiar, un amigo o alguien a quien
quieres mucho y le está fallando la salud física, tiene
problemas financieros, está disgustado en su trabajo,
estresado, sufriendo por el final de una relación, ha
perdido confianza en sí mismo, atraviesa problemas
mentales o se siente decaído de ánimo, puedes utilizar
la invisible fuerza de la gratitud para ayudarlo con su
salud, sus finanzas y su felicidad.

Para mover la vara mágica por la salud de
alguien imagina que la salud de esa persona está
completamente restaurada y di la palabra mágica,
gracias, en sincera celebración por la noticia de que él
o ella está otra vez en buena salud. Puedes imaginar
que la persona te está llamando para darte la buena
noticia o diciéndotelo en persona y realmente observa
y siente tu reacción. Cuando eres capaz de sentirte tan
agradecido ahora como te sentirías al recibir la noticia
de que la salud de esa persona ha sido completamente
restaurada, queda garantizado que la gratitud que
sientes es la más sincera y poderosa posible.

Para mover la vara mágica para ayudar a alguien con
sus riquezas sigue el mismo ejercicio y siente una
gratitud como si esa persona tuviera el nivel de riqueza
que necesita en este momento. Imagina que su riqueza

ha sido plenamente restaurada, todo está resuelto, y estás diciendo la palabra mágica, *gracias,* por haber recibido esa increíble noticia.

Si alguien que conoces está pasando por un momento difícil pero no sabes lo que necesita específicamente, o si necesita ayuda en más de un área de su vida, entonces puedes seguir el mismo ejercicio mágico y mover tu vara mágica dando gracias por su felicidad, o su salud, sus riquezas y su felicidad en general.

Escoge hoy a tres personas a las que aprecias y que actualmente tienen necesidad de salud, riquezas o felicidad, o las tres cosas. Toma una fotografía de cada persona y colócala delante de ti mientras estás haciendo este ejercicio.

Toma la primera persona, sostén su fotografía en la mano y cierra los ojos un minuto visualizando el momento en que estás recibiendo la noticia de que esa persona ha restaurado lo que le estaba faltando. Es mucho más fácil visualizarte recibiendo la noticia que visualizar, por ejemplo, a una persona enferma saludable otra vez o una persona deprimida feliz otra vez, o una persona estresada por problemas financieros próspera otra vez. Y sentirás la emoción y la gratitud si te concentras en tu visualización.

Abre los ojos y, con la fotografía aún en mano, repite lentamente la palabra mágica, *gracias,* tres veces por la salud, las riquezas o la felicidad de esa persona o por cualquier combinación de sus necesidades:

*Gracias, gracias, gracias por la salud, las riquezas o la
felicidad de _____nombre_____ .*

Cuando termines con una persona, haz lo mismo con
la siguiente persona y sigue los mismos dos pasos hasta
que hayas terminado el ejercicio de la vara mágica
enviando salud, riquezas o felicidad a las tres personas.

Puedes también utilizar este poderoso ejercicio cuando
vayas caminando por la calle o haciendo las actividades
del día y te encuentres con alguien que obviamente
está falto de felicidad, salud o riquezas. Imagina que
tienes una vara mágica y muévela mentalmente dando
sinceras gracias por sus riquezas, su salud y su felicidad
con pleno conocimiento de que has puesto una fuerza
real de energía en movimiento.

Usar la gratitud para ayudar a alguien con su salud,
riquezas y felicidad es el acto de gratitud más grande
que puedes realizar. Y una de las cosas mágicas que
tiene esto es que la salud, las riquezas y la felicidad que
tan fervientemente le deseas a los demás también te
llegarán a ti.

Ejercicio mágico número 24

La vara mágica

1. Enumera tus bendiciones: Haz una lista de diez bendiciones. Escribe *por qué* estás agradecido. Relee tu lista y al final de cada bendición repite *gracias, gracias, gracias,* y siéntete lo más agradecido posible por esa bendición.

2. Escoge a **tres** personas que aprecias y a quienes deseas ayudar con más riquezas, salud, felicidad o las tres cosas.

3. Si tienes fotografías de esas personas, colócalas delante de ti mientras realizas el ejercicio de la vara mágica.

4. Una por una, toma la fotografía de cada persona en la mano. Cierra los ojos y por un minuto visualiza la salud, riquezas o felicidad de esa persona plenamente restauradas y a ti mismo recibiendo la noticia.

5. Abre los ojos y, con la fotografía aún en mano, repite lentamente las palabras mágicas: "*Gracias, gracias, gracias por la salud, riquezas o felicidad de* ___*nombre*___ ".

6. Al terminar con cada persona, haz lo mismo con la siguiente, siguiendo los dos pasos hasta que hayas terminado el ejercicio de la vara mágica con las tres personas.

7. Antes de irte a dormir esta noche toma tu piedra
    mágica en la mano y di la palabra mágica, *gracias*,
    por *lo mejor* que ocurrió durante el día.

Día 25
LA SEÑAL DE LA MAGIA

"La vida es un juego... Necesitamos jugar para poder redescubrir la magia que nos rodea".

FLORA COLAO (N. 1954)
AUTORA Y TERAPEUTA

El ejercicio de hoy, La señal de la magia, es uno de mis favoritos porque es un juego con el Universo ¡y es muy divertido!

Imagina que el Universo es amable y cariñoso y que quiere que tengas todo lo que deseas en la vida. Como el Universo no puede simplemente acercarse a ti y darte lo que quieres, utiliza la ley de atracción para darte señales y pistas que te ayuden a realizar tus sueños. El Universo sabe que tienes que sentir gratitud para hacer avanzar tus sueños, así que su participación en el juego es darte señales personales para ayudarte a ser agradecido. Utiliza a personas, circunstancias y hechos que te rodean a lo largo del día como señales mágicas

para que seas agradecido. Funciona de la siguiente
manera:

Si oyes la sirena de una ambulancia, la señal mágica del
Universo es que agradezcas tener una salud perfecta.
Si ves a un automóvil de la policía, tu señal mágica
es agradecer estar a salvo y seguro. Si ves a alguien
leyendo un periódico, tu señal mágica es que debes
agradecer magníficas noticias.

Si quieres cambiar tu peso corporal, ver a otra persona
con el peso perfecto será tu señal mágica del Universo
para agradecer tu peso perfecto. Si quieres encontrar
una compañera romántica, ver a una pareja locamente
enamorada será tu señal mágica para agradecer tu
compañera perfecta. Si quieres tener una familia,
cuando veas bebés y niños toma la señal mágica y sé
agradecido por los niños. Pasar cerca de un banco o un
cajero automático será tu señal mágica para agradecer
mucho dinero. Llegar a tu casa será la señal mágica
para agradecer tu hogar, y la invitación de un vecino a
tomar café o los saludos desde el otro lado de la calle
serán tu señal mágica para estar agradecido por tus
vecinos.

Si ves uno de los deseos materiales en tu lista, como
la casa de tus sueños, un automóvil, una motocicleta,
zapatos o una computadora, ¡claro que esa será la señal
mágica del Universo para estar agradecido por tu deseo
ahora mismo!

Cuando comienzas un nuevo día y alguien te dice
"Buenos días", estás recibiendo una señal mágica para

estar agradecido por la buena mañana. Si te cruzas con alguien que está realmente feliz, esa será tu señal mágica para estar agradecido por la felicidad. Y si escuchas a alguien decir *gracias,* en cualquier lugar a cualquier hora, esa será *tu* señal mágica para decir *¡gracias!*

El Universo tiene maneras ilimitadas y creativas de darte una señal mágica para agradecer tus actividades diarias. No es posible confundir una señal mágica o recibirla por error, porque cualquier cosa que pienses que sea la razón para que exista una señal mágica, ¡siempre tendrás razón! El Universo utiliza la ley de atracción para enviarte una señal mágica de modo que siempre atraigas las señales que necesitas para sentirte agradecido en ese momento.

La señal de la magia se ha convertido en un juego que siempre utilizo y, con práctica, ahora veo automáticamente todas las señales mágicas que el Universo me da y agradezco cada una de ellas. ¡Nunca deja de asombrarme y maravillarme cómo el Universo se las arregla para encontrar nuevas maneras de enviarme su señal para poner la magia de mi gratitud en acción!

Recibir una llamada telefónica de un amigo o un familiar es una señal para estar agradecida por él o ella. Si alguien dice "Qué día más lindo", esa es una señal para estar agradecida por el clima fenomenal en el que vivo y por otro día hermoso. Si se me rompe un aparato eléctrico, es una señal para estar agradecida por todos mis aparatos que funcionan perfectamente.

Si una planta de mi jardín tiene problemas, ahí está mi señal para estar agradecida por las plantas que están saludables en mi jardín. Recoger la correspondencia en el buzón es una señal para agradecer el servicio de correos y por cheques inesperados. Si alguien me dice que tiene que ir a un cajero automático o veo gente en línea frente a un cajero automático, esa es una señal para estar agradecida por el dinero. Si una persona que conozco se enferma, esa es una señal para estar agradecida por su salud y la mía. Cuando abro mis cortinas por la mañana y veo el nuevo día, esa es una señal para agradecer el gran día que me espera. Y cuando cierro las cortinas por la noche, esa es una señal para agradecer el gran día que tuve.

Para jugar hoy a La señal de la magia, lo único que tienes que hacer es estar lo suficientemente alerta para recibir siete señales mágicas del Universo durante el día y dar gracias por cada una. Por ejemplo, si ves a alguien con el peso perfecto, di *"¡Gracias por mi peso perfecto!"*. Nunca puedes estar demasiado agradecido, de modo que puedes optar por agradecer más y, si quieres, puedes tratar de responder el mayor número de señales que puedas en un día. Si has estado siguiendo los ejercicios mágicos durante los últimos 24 días, ya habrás llegado al punto en que estarás lo suficientemente alerta para notar las señales que el Universo te está dando continuamente. Uno de los muchos beneficios del poder mágico de la gratitud es que te despierta y te hace mucho más alerta y consciente. Y mientras más alerta y consciente estés, más agradecido estarás y más fácilmente atraerás todos tus sueños. Así que, ¡Universo, señálame la magia!

EJERCICIO MÁGICO NÚMERO 25

La señal de la magia

1. Enumera tus bendiciones: Haz una lista de diez bendiciones. Escribe *por qué* estás agradecido. Relee tu lista y al final de cada bendición repite *gracias, gracias, gracias* y siente la mayor gratitud posible por cada una.

2. Hoy mantente alerta a todo lo que te rodea y toma por lo menos **siete** señales de gratitud de las actividades del día. Por ejemplo, si ves a alguien con el peso perfecto, di *"¡Gracias por mi peso perfecto!"*.

3. Antes de irte a dormir esta noche toma tu piedra mágica en la mano y di la palabra mágica, *gracias,* por *lo mejor* que ocurrió durante el día.

Día 26
Transforma mágicamente errores en bendiciones

"Convierte tus heridas en sabiduría".

Oprah Winfrey (n. 1954)
PERSONALIDAD DE LOS MEDIOS Y MUJER DE NEGOCIOS

Cada error es una bendición oculta. El ejercicio mágico de hoy lo demostrará, ¡porque estás a punto de descubrir que hay realmente incalculables bendiciones ocultas en cada error que cometemos!

Un niño o una niña comete muchos errores cuando está aprendiendo a montar bicicleta o a escribir, y no le damos importancia porque sabemos que es mediante esos errores que aprenderán finalmente a dominar lo que están tratando de hacer. Entonces ¿por qué los adultos somos tan severos con nosotros mismos cuando cometemos un error? La misma regla que se aplica a los niños puede aplicarse también a *ti*. Todos cometemos errores, y si no los cometiéramos nunca aprenderíamos nada ni llegaríamos a ser más inteligentes o más sabios.

Tenemos la libertad de escoger nuestras propias opciones, lo cual significa que tenemos la libertad de cometer errores. Los errores pueden ser dolorosos, pero si no aprendemos del error que cometemos, ese dolor puede haber sido en vano. Es más, por la ley de atracción, cometeremos el mismo error una y otra vez hasta que las consecuencias nos han dolido tanto que ¡finalmente aprendemos su lección! Es la precisa razón por la que los errores duelen tanto, para que *podamos* aprender de ellos y no continuar cometiéndolos repetidamente.

Para aprender de un error, primero tenemos que admitirlo, y es ahí donde la gente se desconcierta, porque a menudo culpan a otra persona por *su* propio error.

Tomemos por caso cuando un policía nos detiene por exceso de velocidad y nos pone una multa. En lugar de asumir responsabilidad por el hecho de que estábamos conduciendo a exceso de velocidad, culpamos al policía porque estaba escondido entre los arbustos en una curva de la carretera donde no podíamos verlo y tenía además un radar, de modo que no teníamos la menor posibilidad de evitarlo. Pero el error sigue siendo nuestro por conducir a exceso de velocidad.

El problema de culpar a otros por nuestros errores es que de todas maneras sufrimos el dolor y las consecuencias de nuestro error, pero no aprendemos nada. El resultado es que, ¡bingo!, atraeremos el mismo error en el futuro.

Eres humano y cometerás errores, lo cual es una de las cosas más bellas del ser humano, pero debes aprender de tus errores; de lo contrario, tu vida sufrirá mucho dolor innecesario.

¿Cómo se aprende de los errores? ¡Mediante la gratitud!

No importa lo malo que algo parezca, siempre, siempre hay mucho que agradecer. Cuando buscas las cosas que agradecer en un error, mágicamente transformas el error en bendiciones. Los errores atraen más errores y las bendiciones atraen más bendiciones. ¿Cuál prefieres?

Hoy piensa en un error que cometiste en tu vida. No importa si el error fue grande o pequeño, pero escoge uno que todavía te duela cuando lo recuerdas. Tal vez te incomodaste con alguien cercano y la relación no ha sido la misma desde entonces. Quizás pusiste tu fe ciega en otra persona y saliste quemado. A lo mejor dijiste una mentira piadosa para proteger a alguien y terminaste en una situación difícil. Puedes haber escogido la opción más barata de algo y todo te salió mal y terminaste pagando mucho más. Puedes haber pensado que estabas tomando la decisión correcta sobre algo, pero el tiro te salió por la culata.

Una vez que hayas escogido un error para mágicamente transformarlo en bendiciones, trata de encontrar cosas que agradecer. Para ayudarte, hay dos preguntas que pudieras hacerte:

¿Qué aprendí del error?

¿Qué cosas buenas surgieron de ese error?

Las cosas más importantes que agradecer en todo error son las cosas que aprendiste de él. Y no importa cuál haya sido el error, siempre hay muchas cosas que surgieron de él y que te cambiaron positivamente el futuro. Piensa en esto con mucho cuidado e intenta encontrar un total de diez bendiciones que agradecer. Cada bendición que encuentres contiene el poder mágico. Haz tu lista en un cuaderno de gratitud o escríbelas en tu computadora.

Tomemos el ejemplo de cuando la policía te paró por exceso de velocidad y te pusieron una multa:

1. *Agradezco a la policía por querer protegerme de hacerme daño, porque, después de todo, eso era lo que estaban tratando de hacer.*

2. *Agradezco a la policía porque, para ser honesto conmigo mismo, estaba pensando en otras cosas y no me estaba concentrando en la carretera.*

3. *Agradezco a la policía porque fue una tontería exponerme al riesgo de conducir a exceso de velocidad con un neumático que necesito cambiar.*

4. *Agradezco a la policía por hacerme más consciente. Me afectó que me detuvieran y el incidente me va a obligar a estar más atento a la velocidad y a conducir con más cuidado en el futuro.*

5. *Agradezco a la policía porque de algún modo yo tenía la peregrina idea de que podía conducir a exceso de velocidad sin que me detuvieran y sin ponerme en peligro. La seriedad de la policía me obligó a enfrentar el hecho de que estaba poniéndome a mí y a los demás en grave peligro.*

6. *Agradezco a la policía porque, si pienso en que mi propia familia podría estar en peligro por gente conduciendo a exceso de velocidad, entonces definitivamente quiero que la policía siga deteniendo a quienes conducen a exceso de velocidad.*

7. *Realmente doy gracias a la policía por el trabajo que hacen tratando de lograr la seguridad de cada persona y su familia en las carreteras.*

8. *Doy gracias a la policía. Deben presenciar situaciones dolorosas cada día, cuando lo único que están intentando hacer es protegerme a mí y a mis familiares.*

9. *Doy gracias a la policía por asegurarse de que yo llegara sano y salvo a mi casa y regresara a mi familia como siempre hago.*

10. *Agradezco a la policía porque de todas las posibles consecuencias por detener mi exceso de velocidad, haberme detenido fue la que causó menos consecuencias dañinas y la que puede convertirse en la mayor bendición de mi vida.*

Insisto enfáticamente en que tomes los errores que hayas cometido en tu vida, por los que todavía te sientes mal y, en tu propio tiempo, sigas este magnífico y mágico ejercicio. Piénsalo. ¡A cambio de un error tienes el poder de atraer muchas bendiciones! ¿Qué otra cosa es capaz de garantizarte este tipo de dividendos?

Ejercicio mágico número 26

Transforma mágicamente errores en bendiciones

1. Enumera tus bendiciones: Haz una lista de diez bendiciones. Escribe *por qué* estás agradecido. Relee tu lista y al final de cada bendición repite *gracias, gracias, gracias,* y siente la mayor gratitud posible por cada una.

2. Escoge **un** error que hayas cometido en tu vida.

3. Busca un total de **diez** bendiciones por las cuales puedas dar gracias como resultado de ese error y escríbelas.

4. Para ayudarte a encontrar bendiciones, hazte las siguientes preguntas: *¿Qué aprendí de ese error?* y *¿Qué cosas buenas surgieron de ese error?*

5. Antes de irte a dormir esta noche toma tu piedra mágica en la mano y di la palabra mágica, *gracias,* por *lo mejor* que ocurrió durante el día.

Día 27
EL ESPEJO MÁGICO

*"La apariencia de las cosas cambia según las
emociones, de ahí que vemos en ellas magia y belleza,
pero en realidad la magia y la belleza están en
nosotros".*

KAHLIL GIBRAN (1883–1931)
POETA Y ARTISTA

Puedes pasarte el resto de la vida en una carrera
tratando de darle al mundo exterior la forma que
quieras, corriéndole atrás a un problema tras otro
en tu esfuerzo por cambiarlos, quejándote de las
situaciones o de los demás, sin nunca lograr vivir tu
vida plenamente y hacer realidad todos tus sueños.
Pero cuando conviertes la magia de la gratitud en
tu forma de vida, todo en el mundo que te rodea
cambia mágicamente, así como así. Tu mundo cambia
mágicamente porque *tú* cambiaste y lo que estás
atrayendo hacia ti también cambió.

Las inspiradoras palabras de Gandhi y la letra de la canción de Michael Jackson, *"El hombre del espejo"*, que impactó a cientos de millones de personas, transmitieron uno de los mensajes más poderosos:

Cambia a la persona en el espejo y tu mundo cambiará.

Si has seguido los 26 ejercicios mágicos hasta ahora, ¡tú has cambiado! Y aunque a veces te resulte difícil ver los cambios en ti mismo, habrás sentido un cambio en tu felicidad, un cambio en tus circunstancias mejoradas y cambios mágicos en el mundo que te rodea.

Has practicado el poder mágico de la gratitud por tu familia y amigos, por tu trabajo, tu dinero, tu salud, tus sueños e incluso por las personas con las que te has cruzado cada día. Pero la persona que merece tu gratitud más que ninguna otra eres tú.

Cuando agradeces ser la persona en el espejo, los sentimientos de insatisfacción, descontento, desilusión o la sensación de que no eres lo suficientemente bueno, desaparecen totalmente. Y con ellos desaparece también mágicamente toda circunstancia de insatisfacción, descontento y desilusión.

Los sentimientos negativos acerca de ti mismo le hacen un daño tremendo a tu vida, porque son más poderosos que cualquier sentimiento que tengas acerca de cualquier otra cosa o persona. Dondequiera que vayas y cualquier cosa que hagas llevas siempre contigo esos sentimientos negativos que manchan todo lo que tocas y actúan como un imán, atrayendo más insatisfacción, descontento y desilusión en todo lo que hagas.

Cuando estás agradecido por ser *tú,* atraerás sólo circunstancias que te harán sentir mejor aún acerca de ti mismo. Tienes que tener riquezas de buenos sentimientos acerca de tu persona para atraer las riquezas de la vida hacia ti. ¡La gratitud por ti mismo te enriquece!

"Cualquiera que sienta **gratitud** *(por sí mismo) recibirá más y tendrá abundancia. Cualquiera que no sienta* **gratitud** *(por sí mismo) aun lo que tiene le será quitado".*

Para hacer el ejercicio del espejo mágico ve ahora mismo a un espejo. Mira directamente a la persona en el espejo y di en voz alta la palabra mágica, *gracias,* con todo tu corazón. Dilo con más sinceridad que nunca. ¡Da *gracias* por ser quien eres! ¡Da *gracias* por todo lo que eres! ¡Da *gracias* al menos con el mismo sentimiento que has usado por todo y por los demás! ¡Sé agradecido por *ti* mismo tal como eres!

Continúa con el ejercicio del espejo mágico sintiendo gratitud por la bella persona en el espejo durante el resto del día de hoy y di la palabra mágica, *gracias,* cada vez que te mires en el espejo. Si no estás en posición de decir la palabra mágica en voz alta en algún momento determinado, lo puedes hacer mentalmente. Y si eres *realmente* valiente, puedes mirarte en el espejo mágico y decir tres cosas que agradeces sobre tu persona.

Si por alguna razón en el futuro no eres amable contigo mismo, sabrás en cambio serlo con la persona que merece tu gratitud más que ninguna otra: ¡la persona en el espejo!

Cuando eres agradecido, no te culpas a ti mismo cuando cometes un error. Cuando eres agradecido, no te criticas a ti mismo cuando no eres perfecto. Cuando eres agradecido por ser quien eres, vas a ser feliz y te convertirás en un imán para personas felices, situaciones felices y circunstancias mágicas, las cuales te rodearán dondequiera que estés no importa lo que hagas. Cuando logres ver la magia en esa persona en el espejo, ¡tu mundo entero cambiará!

EJERCICIO MÁGICO NÚMERO 27

El espejo mágico

1. Enumera tus bendiciones: Haz una lista de diez bendiciones. Escribe *por qué* estás agradecido. Relee tu lista y al final de cada bendición repite *gracias, gracias, gracias,* y siente la mayor gratitud posible por cada una.

2. Cada vez que te mires en el espejo hoy, di *gracias* y dilo con la mayor sinceridad que has tenido jamás.

3. Si eres realmente valiente, mientras miras al espejo di **tres** cosas que agradeces sobre tu persona.

4. Antes de irte a dormir esta noche toma tu piedra mágica en la mano y di la palabra mágica, *gracias,* por *lo mejor* que ocurrió durante el día.

Día 28
RECUERDA LA MAGIA

*"Esa es la cosa con la magia. Tienes que saber
que todavía está ahí, rodeándonos, o simplemente
permanecerá invisible".*

CHARLES DE LINT (N. 1951)
AUTOR Y MÚSICO FOLCLÓRICO CELTA

Cada día es único; no existe un día que sea igual
que otro. Las cosas buenas que ocurren cada día son
eternamente diferentes y cambian constantemente,
así que cuando recuerdes la magia enumerando las
bendiciones del día de ayer, no importa cuántas veces
lo hagas, siempre será diferente. Es sólo una de las
razones por las que recordar la magia es el ejercicio
continuado más poderoso para mantener la magia
de la gratitud en la vida. No importa cuáles sean tus
deseos en este momento, o qué deseos tendrás en el
futuro, este ejercicio mágico seguirá siendo el más
poderoso ejercicio de toda tu vida.

La manera más fácil de recordar las bendiciones de
ayer es recordando el comienzo del día cuando te
despertaste y revisas el día mentalmente, recordando
los principales acontecimientos de la mañana, la tarde
y la noche, hasta llegar a la hora de irte a dormir.
Recordar las bendiciones de ayer no debe requerir un
esfuerzo; estás simplemente arañando la superficie
de ayer y, al hacerlo, las bendiciones acudirán a la
superficie de tu mente.

Puedes comenzar este ejercicio mágico preguntándote
lo siguiente:

¿Cuáles son las cosas que ocurrieron ayer?

Cada vez que te haces una pregunta, tu mente
inmediatamente buscará la respuesta. ¿Recibiste alguna
buena noticia? ¿Recibiste o realizaste mágicamente
alguno de tus deseos? ¿Recibiste mágicamente dinero
inesperado? ¿Te sentiste especialmente feliz? ¿Tuviste
noticias de un amigo de quien hace tiempo no sabías?
¿Te salió algo magníficamente bien? ¿Recibiste alguna
fenomenal llamada telefónica o correo electrónico?
¿Recibiste algún elogio, o alguien te expresó su
aprecio? ¿Te ayudó alguien a resolver un problema?
¿Ayudaste a alguien? ¿Terminaste un proyecto o
comenzaste algo nuevo que te entusiasma? ¿Comiste tu
plato favorito o viste una película fenomenal? ¿Recibiste
un regalo, resolviste una situación, tuviste una reunión
estimulante, pasaste tiempo de calidad con alguien,
tuviste una gran conversación o hiciste planes para algo
que realmente te interesa hacer?

Recuerda la magia y haz una lista de las bendiciones de ayer en tu computadora o escríbelas en un cuaderno. Revisa mentalmente el día de ayer hasta que te sientas satisfecho de haber recordado las bendiciones del día. Pueden ser cosas pequeñas o grandes, porque no se trata del tamaño de las bendiciones, sino cuántas bendiciones encontraste y cuánta gratitud sentiste por cada una. Al recordar y anotar cada una, simplemente sé agradecido y di la palabra mágica: *gracias*.

Cuando quieras hacer este ejercicio mágico después de hoy, puedes mezclarlo todo, de manera que algunos días escribes las bendiciones y otros días recuerdas las bendiciones y las repites mentalmente o en voz alta. Puedes hacer una lista breve de bendiciones o puedes hacer una lista más detallada mencionando por qué estás agradecido por cada una.

No existe un número fijo de bendiciones que debas encontrar en el día de ayer, porque cada día es diferente. Pero puedo asegurarte que cada día de tu vida está lleno de bendiciones, y cuando hayas abierto los ojos para ver la verdad de todo esto, habrás abierto tu corazón a la magia de la vida y tu vida será abundante y magnífica.

*"Cualquiera que sienta **gratitud** recibirá más y tendrá abundancia. Cualquiera que no sienta **gratitud,** aun lo que tiene le será quitado".*

Recuerda la magia: ¡Fue creada para *ti*!

Ejercicio mágico número 28

Recuerda la magia

1. Enumera tus bendiciones: Haz una lista de diez
    bendiciones. Escribe *por qué* estás agradecido. Relee
    tu lista y al final de cada bendición repite *gracias,
    gracias, gracias,* y siente la mayor gratitud posible
    por cada una. ¡Has escrito 280 bendiciones a lo
    largo de este libro!

2. Recuerda la magia enumerando las bendiciones
    de ayer y anotándolas. Hazte la siguiente pregunta:
    ¿Cuáles fueron las cosas buenas que ocurrieron ayer?
    Pasa revista de todo el día de ayer hasta que estés
    satisfecho de haber recordado y anotado todas las
    bendiciones del día.

3. Al recordar cada una, simplemente di la palabra
    mágica, *gracias,* mentalmente.

4. Después de hoy puedes hacer este ejercicio como
    una lista escrita o en voz alta o mentalmente.
    Puedes hacer una lista breve de las cosas que
    agradeces del día de ayer o hacer una lista corta y
    más detallada explicando por qué estás agradecido.

5. Antes de irte a dormir esta noche toma tu piedra
    mágica en la mano y di la palabra mágica, *gracias,*
    por *lo mejor* que ocurrió durante el día.

Tu futuro mágico

Eres el constructor de tu vida y la gratitud es
tu herramienta mágica para edificar la vida más
maravillosa. Has colocado ahora los cimientos a través
de estos ejercicios mágicos y con la herramienta de
la gratitud añades más pisos al edificio de tu vida. Tu
vida se elevará más y más hasta tocar las estrellas. Las
alturas que puedes alcanzar con la gratitud no tienen
límite ni tiene límite la magia que puedes lograr. Al
igual que las estrellas en el Universo, ¡es infinita!

*"Expresar gratitud es cortés y agradable, representar la
gratitud es generoso y noble, pero vivir la gratitud es
tocar el Cielo".*

JOHANNES A. GAERTNER (1912–1996)
PROFESOR, TEÓLOGO, POETA

La forma ideal de avanzar de aquí en adelante
es mantener los cimientos de la gratitud que has
construido y continuar edificándola gradualmente
mediante la profundización de tus sentimientos.
Mientras más practiques la gratitud, más capaz serás de
sentirla profundamente y, mientras más profundamente

la sientas, menor será el tiempo que necesites dedicarle.
Como guía:

Recuerda la magia tres días a la semana o combina
esa práctica con otros ejercicios mágicos que escojas
para mantener los cimientos actuales de tu gratitud
y continuar edificando la magia en tu vida para que
continúe mejorando más y más. Por ejemplo, podrías
hacer el ejercicio de recordar la magia un día, el de
practicar las relaciones mágicas el segundo día, y el
de dinero mágico el tercero.

Cuatro días a la semana del ejercicio de recordar la
magia, o combinarlo con otros tres ejercicios mágicos
que escojas, mantendrán tu gratitud y acelerarán la
magia.

Cinco días a la semana del ejercicio de recordar
la magia, o combinarlo con otros cuatro ejercicios
mágicos de tu elección aumentarían drásticamente tu
felicidad y la magia en cada área y circunstancia de tu
vida.

Seis o siete días a la semana del ejercicio de recordar
la magia, o combinarlo con otros ejercicios mágicos
de tu preferencia, y te convertirás en un verdadero
alquimista, ¡capaz de convertirlo todo en oro!

Recomendaciones acerca de los ejercicios mágicos

Para mantener la continuidad de la magia en las áreas importantes de tu vida – la felicidad, la salud, las relaciones, la carrera, el dinero, y las cosas materiales que posees – puedes hacer ejercicios específicos en cada área una vez a la semana. Sin embargo, si quieres *aumentar* la magia en cualquier área de tu vida, debes dar más a través de un ejercicio incrementado de gratitud para esa área varias veces a la semana. Si no estás bien de salud, querrás hacer los ejercicios mágicos por tu salud todos los días o incluso varias veces al día.

Las siguientes recomendaciones te guiarán fácilmente hacia los ejercicios mágicos que tendrán el efecto más fuerte y más rápido en cada área. Sigue las recomendaciones en el área correspondiente durante tres semanas como mínimo, haciendo cada ejercicio recomendado una vez a la semana:

RELACIONES

Relaciones mágicas – *página 43*

Polvo mágico a todos – *página 101*

Repara mágicamente tus relaciones – *página 141*

La vara mágica – *página 207*
(El ejercicio de la vara mágica puede utilizarse en personas

que conoces utilizando fotografías o en personas que no conoces sin fotografías.)

El espejo mágico – *página 229*

Recuerda la magia – *página 235*

SALUD

Salud mágica – *página 51*

Polvo mágico a todos – *página 101*

Magia y milagros en la salud – *página 149*

El aire mágico que respiras – *página 201*

La vara mágica – *página 207*
(El ejercicio de la vara mágica puede utilizarse en personas que conoces usando fotografías o en personas que no conoces sin fotografías.)

Recuerda la magia – *página 235*

DINERO

Dinero mágico – *página 61*

El magnetismo del dinero – *página 95*
(Si no has hecho el ejercicio mágico del magnetismo del dinero antes, asegúrate de completar todos los pasos por lo menos una vez. Si estás repitiendo este ejercicio, puedes saltar al paso 4.)

El cheque mágico – *página 157*

La vara mágica – *página 207*
(El ejercicio de la vara mágica puede utilizarse en personas que conoces usando fotografías o en personas que no conoces sin fotografías.)

El espejo mágico – *página 229*

Recuerda la magia – *página 235*

CARRERA

Funciona como magia – *página 69*

Polvo mágico a todos – *página 101*

La vara mágica – *página 207*
(Cuando utilices el ejercicio de la vara mágica para tu carrera, puedes también enviar éxito a la gente. Desearles éxito a los demás acelerará el éxito en tu propia vida.

El ejercicio de la vara mágica puede utilizarse en personas que conoces usando fotografías o en personas que no conoces sin fotografías.)

El espejo mágico – *página 229*

Recuerda la magia – *página 235*

TUS DESEOS

Polvo mágico a todos – *página 101*

Haz realidad todos tus deseos – *página 123*
(Si no has hecho el ejercicio de hacer realidad todos tus deseos antes, asegúrate de completar todos los pasos por lo menos una vez. Si estás repitiendo este ejercicio, puedes saltar al paso 3.)

Ante tus propios ojos – *página 195*

La vara mágica – *página 207*
(El ejercicio de la vara mágica puede utilizarse en personas que conoces usando fotografías o en personas que no conoces sin fotografías.)

El espejo mágico – *página 229*

Recuerda la magia – *página 235*

Tu piedra mágica

Puedes hacer que el ejercicio de la piedra mágica forme parte de tu vida diaria manteniendo tu piedra mágica junto a tu cama y utilizando el momento en que te acuestas como recordatorio para agradecer lo mejor que ha ocurrido ese día. Puedes también llevar tu piedra mágica en el bolsillo para que cada vez que la toques sirva de recordatorio para pensar en algo que agradeces.

Tu polvo mágico a todos

Puedes también hacer que el ejercicio del polvo mágico a todos forme parte de tu vida diaria. Aparte de salpicar polvo mágico sobre la gente que te ayuda, hay muchas otras maneras de continuar utilizando este ejercicio. ¡Puedes salpicar polvo mágico sobre todas las personas y cosas! Si tu jefe está un poco gruñón, puedes secretamente salpicar polvo mágico sobre él o ella. Puedes salpicar polvo mágico sobre un miembro de la familia o un ser querido que esté de mal humor o sobre cualquiera que necesite magia en su vida. Puedes también añadir magia dondequiera que vayas y salpicar polvo sobre bebés y niños, sobre tus plantas y tu jardín, tus alimentos y lo que bebas, tu computadora o tu correo antes de abrirlo, tu billetera, tu automóvil, tu teléfono antes de hacer o recibir una llamada, o sobre cualquier otra circunstancia que quieras mejorar. ¡Lo único que limita las muchas aplicaciones del polvo mágico es tu imaginación!

La magia nunca termina

Yo practico la gratitud cada día de mi vida y ahora me resulta inconcebible que pude haber vivido días, meses y años sin hacerlo de alguna manera cada día. La gratitud se ha convertido en parte de mi personalidad, está en mis células y constituye un patrón en mi subconsciente.

Pero si se nos complica la vida y olvidamos practicar la gratitud, con el tiempo la magia se evapora. Utilizo la magia en mi vida como guía que me informa si estoy practicando suficiente gratitud o si necesito practicarla más. Observo mi vida cuidadosamente y si encuentro que no me estoy sintiendo muy feliz, aumento la práctica de mi gratitud. Si algunos pequeños problemas comienzan a aparecer en alguna área particular de mi vida, inmediatamente aumento los ejercicios mágicos de la gratitud en esa área.

No me ciegan ya las falsas apariencias. Más bien busco la bondad que hay en la gratitud en toda circunstancia, *consciente* de que está ahí. Y entonces, como nube de humo, ¡lo indeseado desaparece mágicamente!

*"Comencé dando gracias por pequeñas cosas y,
mientras más agradecida me sentía, más crecían mis
riquezas. Eso es porque aquello en lo que te concentras
se expande, y cuando te concentras en la bondad en
tu vida, creas más bondad. Las oportunidades, las
relaciones, incluso el dinero fluyeron hacia mí cuando
aprendí a ser agradecida independientemente de lo
que me sucediera".*

OPRAH WINFREY (N. 1954)
PERSONALIDAD DE LOS MEDIOS Y MUJER DE NEGOCIOS

A través del ejercicio de la gratitud estás utilizando una ley infalible del Universo; es un regalo del Universo para ti y existe para que *lo uses* y mejores tu vida.

El Universo y tú

Existe un nivel al que puedes llegar con la gratitud que genera abundancia *ilimitada* en tu vida. La manera en que se alcanza este nivel de gratitud es a través de tu relación con el Universo o, si prefieres, el Espíritu o Dios.

Puedes tener la tendencia de pensar que el Universo es algo separado de ti y, cuando pienses así, mira hacia el cielo encima de ti. Aunque con casi absoluta certeza el Universo está encima de ti, está también debajo de ti, detrás de ti y junto a ti, así como dentro de cada cosa y cada persona. Lo cual quiere decir que el Universo está *dentro de ti.*

"Igual que abajo, así también arriba; y como arriba, así también abajo. Sólo con este conocimiento puedes hacer milagros".

La Tabla de Esmeralda (circa 5.000–3.000 AC)

Cuando entiendas que el Universo está *dentro* de ti, y por su propia naturaleza existe *para* ti, deseándote *más* vida, *más* salud, *más* amor, *más* belleza y *más* de todo lo que desees, entonces sentirás una gratitud genuina hacia el Universo por *todo* lo que recibes en tu vida. Y habrás establecido una relación personal con el Universo.

Mientras más gratitud genuina sientas hacia el Universo por todo lo que recibes, más estrecha será tu relación con el Universo, y ese será el momento en que podrás alcanzar el nivel de abundancia *ilimitada* que proviene de la magia de la gratitud.

Habrás abierto completamente tu corazón y tu mente a la magia de la gratitud, y con ello tocarás las vidas de todo el que tenga contacto contigo. Te harás amigo del Universo. Te convertirás en canal de bendiciones ilimitadas sobre la Tierra. Cuando tengas una relación estrecha y personal con el Universo, cuando sientas la proximidad del Universo dentro de ti, ¡a partir de ese momento el mundo será tuyo y nada habrá que no puedas ser, tener o hacer!

La gratitud es la respuesta

La gratitud es la cura de relaciones difíciles o que han terminado, de la falta de salud o de dinero y de la infelicidad. La gratitud elimina el temor, la preocupación, el luto y la depresión, y te trae felicidad, claridad, paciencia, bondad, compasión, comprensión y paz mental. La gratitud soluciona problemas y trae oportunidades y te da la capacidad para hacer tus sueños realidad.

La gratitud está detrás de todo éxito y abre la puerta a nuevas ideas y descubrimientos, como lo demostraron los grandes científicos Newton y Einstein. Imagina que cada científico les siga los pasos; el mundo sería lanzado hacia nuevos territorios de comprensión, crecimiento y adelantos. Los límites actuales desaparecerían y surgirían descubrimientos capaces de cambiarnos la vida en tecnología, física, medicina, psicología, astronomía y todo campo científico.

Si la gratitud se convirtiera en una asignatura obligatoria en las escuelas, veríamos una generación de niños que adelantarían nuestra civilización a través de logros y descubrimientos espectaculares, eliminando desacuerdos, poniendo fin a las guerras y trayendo paz al mundo.

Las naciones que dirigirán el mundo en el futuro son aquellas cuyos líderes y pueblos sean los más agradecidos. La gratitud de un pueblo llevaría a su país a prosperar y enriquecerse, reduciría drásticamente las enfermedades, elevaría los negocios y la producción, y la felicidad y la paz ocuparían toda la nación. La pobreza desaparecería y no habría una sola persona con hambre, porque una nación agradecida jamás lo permitiría.

Mientras más personas descubran el poder mágico de la gratitud, más pronto se diseminará por todo el mundo y causará una revolución de gratitud.

Lleva la magia contigo

Lleva la gratitud adondequiera que vayas. Satura la magia de la gratitud en tus pasiones, encuentros, acciones y situaciones para que todos tus sueños se hagan realidad. En el futuro, si la vida te presenta un desafío que piensas que no puedes controlar y no sabes qué hacer, en lugar de preocuparte o sentir temor, recurre a la magia de la gratitud y agradece *todo lo demás* en tu vida. Cuando deliberadamente agradeces la bondad en tu vida, las circunstancias que rodean el desafío mágicamente cambiarán.

> *"Le mostramos (al hombre) el camino: si es o no agradecido (depende de su voluntad)".*
>
> CORÁN (AL-INSÂN 76:3)

Di la palabra mágica: *gracias*. Dila en voz alta, grítala a los cuatro vientos desde los tejados, susúrratela, repítela mentalmente o siéntela en tu corazón. Pero dondequiera que vayas a partir de este día lleva siempre contigo la gratitud y su poder mágico.

Para tener una vida llena de abundancia y felicidad, la respuesta está en tus labios, está dentro de tu corazón, ¡y está lista y esperando a que produzcas *la magia!*

Rhonda Byrne

Acerca de Rhonda Byrne

Rhonda comenzó su jornada con la película *El Secreto,* que ha sido vista por millones de personas en todo el planeta. A continuación publicó el libro *El Secreto,* un best-seller global, traducido a 47 idiomas con más de 20 millones de ejemplares impresos.

El Secreto ha permanecido en la lista de bestsellers del *New York Times* durante 190 semanas y recientemente fue nombrado por *USA Today* como uno de los 20 principales libros mejor vendidos en los últimos 15 años.

Rhonda continuó su tarea innovadora con *El Poder* en 2010, también un bestseller del *New York Times* y ahora traducido a 43 idiomas.